청소년비행과
군범죄

청소년비행과 군범죄

김건태 · 김성신 지음

한국학술정보(주)

머리말

변화하는 現代社會에서 급속히 발달하는 物質文明과 人口增加 및 高度의 産業化 등으로 인하여 청소년 비행과 군범죄는 최근에 눈에 띄게 既成世代의 犯罪를 능가할 정도의 量的 增加와 더불어 質的으로도 組暴化, 知能化되는 방향으로 발전하여, 이제는 단순한 우려의 차원을 넘은 커다란 社會問題的 次元으로 대두되고 있으며, 社會, 心理, 教育 등의 分野에서 青少年들의 犯罪를 중심으로 研究가 활발하게 진행되고 있으나 成人, 그중에서도 特殊組織社會에서 활동하는 軍人을 대상으로 한 研究가 한정되어 있는 실정이다. 따라서 우리나라의 대부분의 男子들이 2년여간의 軍隊生活을 義務的으로 복무하고 있다는 점과, 軍에 入隊前의 青少年犯罪가 軍生活 中 軍犯罪에 가져다줄 파급효과를 감안할 때 軍犯罪에 대한 科學的이고도 体系的인 研究가 절실하게 요망되고 있다. 따라서 이와 같은 現象의 原因과 대책을 文獻的인 方法을 이용해 國家機關과 青少年先導機關에서 발행한 最近의 統計資料를 바탕으로 分析 究明해 보고자 한다.

끝으로 社會教育에 대한 學問的 開眼을 열어 주시고, 福地文化 教育에 큰 가르침을 주셨으며 국제문화대학원대학교 설립자 겸 이사장님이신 오치선 박사님께 깊이 감사드립니다.

이 책이 나올 수 있도록 青少年 理論書를 제공해 주시는 등 지식과 지혜를 안겨 주신 김건용 박사님께 큰 감사를 드립니다.

2011년 봄에 저자

차 례

第1章

序論

第1節 研究의 目的

青少年에 대한 問題는 人類歷史와 함께 그 根源을 같이한다. 다윗 왕은 "青年이 무엇으로 그 行實을 깨끗게 하리이까"[1] 하여 青少年 問題에 관심을 표명한 사실을 알 수 있으며, 최근 들어 청소년 비행의 문제는 날로 그 심각성을 더해 가고 있다. 2010년 법무부 청소년 범죄에 관한 통계자료에 의하면, 범죄 청소년 수는 청소년 10,000명당 265명으로 최근 10년간 계속 증가 추세를 보이고 있다. 지난 10년 사이에 성인 범죄율의 경우 36.3% 증가한 것에 비해 청소년 범죄는 116.7%나 증가하였으며, 범죄의 유형도 폭력범이 총 범죄의 51.4%를 차지하고 있다. 또한 청소년범죄의 경우 전과자의 재범비율이 증가하고 있는데, 이는 교정 시설에서 이루어지고 있는 다양한 청소년 비행개입전략들이 별로 효과를 거두지 못하고 있음을 보여주는 결과로 볼 수 있다.

---

1) 구약성경, 시편 119편 9절.

靑少年의 犯罪는 文化發展의 陰地에서 서식하며 급증하고 그 手法
또한 可恐스러워 强盜, 殺人, 幻覺劑, 痲藥常習 복용, 强姦, 致死, 家庭內
暴力, 學校間의 집단 패싸움, 인신매매, 男性化한 女性犯罪, 防火, 自害,
自殺 등 너무도 끔찍한 事件들이 매일 우리의 주위에서 일어나고 있으
며 質的으로 知能化, 暴惡化, 集団化되어 가는 現象을 나타내고 있다.

東西古今을 막론하고 物質的, 經濟的인 富란 한정이 없으며 지난
날에 비해 오늘날에는 "상대적 빈곤"에 대한 욕구불만이 非行의 特色
으로 나타나고 있다. 靑少年은 그 性格的 순수성으로 인하여 社會現
象의 영향을 가장 많이 받기 때문에 靑少年의 非行原因이 靑少年 自
身에게 우선적 책임이 있겠지만 그들을 둘러싼 家庭, 學校, 社會環境
그리고 各種의 우리사회에 만연된 社會 病理現象에 대한 가치관의
変化에 있다고 본다.[2] 오늘의 靑少年問題를 非行과 관련시켜 본다면
다음과 같은 現象을 쉽게 발견케 된다.

1. 他人에게 被害를 입히고도 아무렇지 않게 여기는 行動과
2. 他人에게 도움을 받고도 그 고마운 感情이 적으며
3. 自己만을 알고 相對方을 理解할 줄 모르며
4. 父母에게 변명 및 불순종하고 旣成世代를 무시하며
5. 順理에 거역하고 弱者를 도와주기도 하나 조롱할 때가 많으며
6. 순간적인 우발사고를 저지를 가능성이 높으며
7. 自身의 일에는 積極的이나 다른 사람 일에는 消極的인 행동 등이다.

---

2) 여성가족부, 靑少年白書, 2010.

青少年의 問題는 자라나는 장래의 國家棟梁들의 問題로서 이는 그 個人의 幸福 및 不幸과도 관련되지만 국가장래를 위해서는 不幸한 일이 아닐 수 없다. 그러므로 靑少年非行에 대해서는 이를 事前에 豫防할 수 있도록 家庭, 學校, 社會가 渾然一体가 되어야 함이 마땅하다. 따라서 最近 몇 년 동안 靑少年非行에 대한 社會 각 계층의 관심이 고조되고 있음은 환영할 만하며 더욱더 積極的인 모든 國民들의 참여와 관심이 무엇보다 重要視되고 있다.

本 論文은 매년 거의 20만 명의 靑少年 후반기의 장정들이 軍에 入隊하거나 轉役하여 韓國歷史의 主役으로 勤務하게 되므로 軍生活에서 올바른 価値觀과 人生觀을 심어 줌으로써 국가의 장래에 크게 이바지할 수 있다는 点에 力点을 두었다.

특히 軍은 그 性格上 構成員들이 과거에 경험해 보지 못한 특수한 環境에서 生活하는 것을 강요하기 때문에 構成員 각자는 커다란 精神的 긴장상태에서 살고 있으며, 특히 兵士들은 個人의 욕구보다는 國家나 社會의 목표에 더 큰 가치를 부여하며 個人의 心理的인 特性이나 個性이 고려되지 못한 채 군 특유의 規範에 自身의 行動을 맞추어 나가면서 部隊生活에 임해야 한다. 따라서 兵士들은 이러한 狀況을 解決해 나가는 과정에서 종종 근심과 걱정, 불안 등이 가중되어 음주, 폭행, 하극상, 군무이탈 등을 유발하기도 한다. 犯罪가 軍內에 파급되는 영향은 다음과 같은 것을 들 수 있다.

1. 戰鬪力의 基本이 되는 兵力과 裝備에 대한 非戰鬪損失을 초래한다.
2. 軍紀의 질서를 문란시킨다.

3. 軍의 組織을 파괴하고 部隊의 団結을 해친다.

4. 국민들의 군에 대한 不信을 초래하는 直接的인 原因이 된다.

이 밖에도 청소년 후반기의 범죄가 軍의 범죄로 연결될 우려가 있다고 볼 때 청소년 후반기의 犯罪는 적극적으로 예방해야 할 問題이다.

청소년기본법 제3조 제1항에 의하면 청소년의 나이를 만 9세에서 24세 이하의 자라고 규정하고 있으므로 本 論文의 주 대상이 되는 병사들은 만 19세부터 22세가 대부분으로 군입대 전 청소년 전반기의 비행실태를 알아보고 청소년 후반기인 병사들의 범죄실태를 분석하여 이들의 상관관계를 분석한 후 이에 대한 개선방안을 강구하는 데 그 목적이 있다.

第2節 研究의 範圍 및 方法

이 연구에서는 靑少年 후반기의 非行이 군범죄에 미치는 영향을 각종 統計的 資料를 이용하여 알아보고, 이에 대한 對策을 提示하고자 한다.

이 연구에 利用된 資料는 관계문헌과 論文 등을 위주로 하였으며, 특히 청소년 후반기의 집단으로 구성된 軍隊社會의 특징과 軍犯罪實態를 分析하여 봄으로써 사회에서 20年 以上을 生活하고 入隊하는 軍 入隊者들에 대한 效果的 敎育資料와 國家社會의 棟梁으로서 軍 生活하는 동안에 올바른 価値觀 形成을 확립시키기 위해 이에 따른 간부들의 兵士敎育에 대한 重要性을 認識토록 하였다.

第2章

一般 靑少年非行에 관한 이론적 고찰

第1節 靑少年非行의 원인

청소년기의 과도적인 특성 때문에 청소년은 많은 갈등과 문제 속에서 살게 되기가 쉽다. 인간은 태어나는 순간부터 사회성원이 되는 데 필요한 태도, 가치, 사고 및 행동의 방식을 습득하게 된다. 유아 및 아동기에는 주로 가정을 중심으로 한 소규모집단에서 이러한 사회화 과정이 수행되나 청소년기에는 사회화의 장(場)이 가정을 넘어 학교, 친우집단, 사회 등으로 광범위하게 확대된다. 따라서 청소년기는 성인기로 넘어가는 과정에서 사회생활 적응에 따르는 많은 문제들에 직면하게 되는 시기이다. 청소년들은 점차 부모에게 의존하려는 태도나 행동에서 벗어나 독립적인 태도나 행동을 추구하기 시작한다. 가족 내 접촉이 줄어들고 가족 외부의 친우집단, 학교, 그 밖의 사회환경과의 접촉이 증가함에 따라 여러 가지 갈등이 일어나게 된다. 현대사회에서는 여러 가지 사회조직 및 집단들이 이질적인 가치나 규범을 갖고 있어 청소년들에게 여러 가지 문제를 일으키는 경향이 있기 때문이다.

청소년기는 앞서 언급한 바와 같이 성인이 되는 준비를 하는 시기이며 자아가 형성되는 시기이며 이상에 사는 시기라고 한다.[3] 그러나 다른 면에서 보면, 청소년기는 문제의 시기이며 불만의 시기이며 고민의 시기이기도 하다. 청소년은 아동도 아니고 성인도 아닌 상태에 있기 때문에 아동과 같이 의존적일 수도 없고 그렇다고 독립적인 생활을 할 수 있는 형편에 있지도 않다. 이런 양면성 때문에 청소년에 관한 언급들은 청춘을 예찬하고 이상을 추구하고 무한한 가능성을 자랑하고 동경하는 부류가 있는가 하면, 고민과 좌절과 문제에 얽매인 청소년을 그리는 암울한 부류도 있다. 근년에 들어서는 후자에 속하는 말과 글들이 많아지는 경향을 보이고 있다. 많은 사람들이 각종 청소년 문제의 심각성을 말하여 나라의 장래를 걱정하고 있다.

오늘날의 청소년들은 입시 위주의 교육풍토 아래서 상급학교에 진학하기 위해 눈뜨면서 잠잘 때까지 계속 공부해야 한다는 압박 속에서 살고 있다. 점점 튼튼하고 생기 있게 자라야 할 청소년들이 학년이 올라갈수록 주눅이 들고 시들시들해지고 소극적이 되어 간다. 부모들은 공부 잘해서 좋은 학교에 가고 출세해야 한다고 자녀들을 다그친다. 학교에서는 상급학교에 진학하기 위한 공부만을 시키며 공부 잘하는 학생만 인정을 받는다. 간혹 갖게 되는 여가시간에는 무엇을 할지 망설여지며 마땅히 갈 곳이 없다. 기껏해야 만화가게나 전자오락실에 가게 된다. 각종 강력범죄의 증가로 인한 사회불안 때문에 부모들은 자녀의 외출을 삼가게 하고 있으며, 모르는 사람이 친절을 베풀면 의심을 하라고 가르친다.

---

3) 고영복, 현대사회문제(서울: 사회문화연구소, 2008), pp.266~268.

청소년들의 활동이 많은 제약을 받고 있음에도 불구하고 그들은 등하교 시에 지나치는 거리와 차내에서, 학교 주변과 집 주변에서, TV나 각종 대중매체를 접하면서, 부모와 이웃들을 통해 사회를 배우게 된다. 그들은 어른들이 만들어 놓은 주위환경과 대중매체를 통해 비뚤어진 사회를 배운다. 퇴폐 향락풍조의 만연, 각종 강력범죄의 빈발, 가치관의 부재, 돈만 벌면 제일이라는 황금만능주의의 팽배를 보고 배운다. 성공의 척도는 얼마나 돈을 잘 버는가에 달려 있다고 배운다.

이러한 결과로 오늘의 청소년들은 "다른 사람에 대한 배려 없이 자기 기분대로만 행동하고 자신을 위해서는 거침없이 행동하며 극히 타산적이다" 또는 "인내심이나 지구력이 없고 만사를 요령주의로 하며 필요에 따라서는 적당히 타협하고 매사를 쉽고 편하게만 살려고 하는 경향이 강하다"는 기성세대의 평가를 받고 있다. 또한 학교교육의 부적합성 때문에 많은 청소년들이 학교교육에 흥미를 잃고 있으며 학교로부터 소외되고 방치되어 문제청소년으로 전락하고 있다. 강도·폭행·강간 등 청소년에 의해 저질러지는 각종 강력범죄가 증가하고 있으며, 미혼 10대의 임신과 성범죄의 증가, 마약 등의 약물남용, 가출, 자살이 증가하고 있다.

이러한 각종 청소년문제 및 비행이 왜 심각해지고 있는가에 대해서도 많은 논의가 전개되어 왔다. 전통적인 수직문화가 현대적인 수평문화로 구조적인 변화를 이루면서 전통윤리는 붕괴되고 아직 수평적인 구조의 윤리는 미처 형성되지 못한 문화적 전이에 따른 위기라든가, 경제지향적 가치체계의 부산물인 물질만능주의와 한풀이 식으로 지금을 사는 전후세대의 비정상적 생활방식이라든가, 서구문물이 부채질한 성 개방의 물결이라든가, 도시화와 산업화로 인한 비인간

화, 소외, 익명성, 가정기능의 변화, 분단으로 인한 구조적 불안, 정치적 권위의 정당성 결여로 인한 법치질서의 혼미, 입시 위주의 학교교육, 퇴폐적인 성인문화와 각종 사회환경 등이 수없이 거론되고 있다.

　이러한 부정적인 측면에도 불구하고 이 땅의 많은 청소년들은 아직도 건전하게 생각하고 건전하게 느끼며 건강하게 자라고 있다. 그러나 청소년문제가 문제청소년 자신에 기인한다고 보거나, 청소년 자신들에게만 책임이 있다고 할 수는 없다. 청소년의 능동적이고 적극적인 자세나 주체성을 인정한다는 것과 청소년 자신들에게 책임이 있다는 것을 혼동해서는 안 되며, 일차적이고 가장 중요한 책임은 청소년을 둘러싸고 있는 성인문화와 사회제도 및 환경에 있다는 점을 간과해서는 안 된다. 청소년 문제에 관한 논의나 해결방안은 부모의 자녀에 대한 무관심 또는 과잉보호 등 가정의 문제, 입시 위주의 파행적인 학교교육, 타락된 사회환경 등 청소년을 둘러싸고 있으며 사회화를 담당하는 제반 사회제도 및 환경의 문제점을 파악하고 개선하고자 하는 노력이 전제되어야 한다. 다음에는 청소년비행의 현황과 특성에 대해서 살펴보고자 한다.

第2節 靑少年非行의 현황과 특성

　최근 우리 사회 분위기는 청소년들의 잠재된 창의성과 공동체적 가치관을 함양하도록 가르치기보다는 대학진학을 위해 성적향상에 몰두하도록 강요하는 등 공부 이외에 청소년들의 주체적이고 자율적인 사고와 행동은 경시하거나 경계하고 있다. 가정 내에서는 부모와 청소년관계 소원 및 가족구조 해체 등으로 청소년들이 적절한 양육과 교육의 기회를 제공받지 못하고 있고 IMF경제위기 이후에는 길거리에 방치되는 청소년이 증가되고 있다. 따라서 이 연구에서는 청소년들의 비행특징과 범죄유형별 현황을 알아봄으로써 비행청소년들이 군에 입대해서 생활할 때의 예방대책을 강구하고자 한다.

현 靑少年非行의 특징이라면 現代 우리 사회가 복잡화되어 가는 시대에 반영되어 靑少年非行도 1. 集団化, 2. 흉악화, 3. 性 非行의 증가[4] 등을 보이고 있다. 따라서 오늘날 靑少年問題, 특히 靑少年非行의 현황과 그 경향 및 특성을 올바르게 이해하고 이에 대한 대응책을 마련하지 않으면 안 될 상황임을 깊이 인식해야 할 것이다. 靑少年非行의 問題를 파악하기 위해 먼저 우리나라 靑少年 人口分布를 알아보고 이에 따른 非行靑少年의 양적 증가 및 全体犯罪者에 대한 靑少年 犯罪를 알아보자.

1. 靑少年인구의 현황

〈표 1〉 靑少年人口의 증가추세 및 장래전망

(단위: 명, %)

연 도	총인구	연평균 증가율	청소년 인구	구성비
1960	25,012,374	–	7,956,903	–
1970	32,240,827	2.46	11,329,714	35.14
1975	35,280,725	1.89	12,885,563	36.52
1980	38,123,775	1.61	14,014,932	36.76
1985	40,805,744	1.41	13,974,697	34.25

---

4) 安載禎, 靑少年의 非行과 實態(서울: 韓國基督敎 靑少年善導會, 2005), p.264.

1990	42,869,283	1.01	13,553,357	31.62
1995	45,092,991	1.04	12,751,383	28.28
2000	47,008,111	0.85	11,501,436	24.47
2005	48,138,077	0.48	11,027,943	22.91
2010	48,874,539	0.31	10,288,487	21.05
2020	49,325,689	0.02	8,121,776	16.47

*출처: 2010청소년백서(여성가족부)

<표 1>에서 1960년 이후 1980년까지 靑少年人口는 인구의 증가와 더불어 계속 증가해 왔으며, 1985년부터는 약간씩 감소하였음을 볼 수 있다. 이에 따라 全体人口 중 靑少年人口의 구성비도 점차 낮아져 1985년에 비해 2010년에는 13.0%, 2020년에는 5.0%가 줄어들 전망이다.

2. 靑少年非行의 動向

최근 5년간 청소년 범죄는 2005년 이후 계속 증가 추세를 보이고 있다.

⟨표 2⟩ 年度別 靑少年犯罪 構成比

(단위: 명, %)

연 도	총범죄	청소년범죄	구성비율
2005	1,965,571	67,478	3.4
2006	1,932,729	69,211	3.6
2007	1,989,862	88,104	4.4
2008	2,472,897	134,992	5.5
2009	2,519,237	113,022	4.5

*출처: 2010 청소년백서(여성가족부)

3. 犯罪 類型別 傾向

2009년 청소년범죄의 유형별 분포상황을 보면 폭력범이 26.1%, 재산범이 40.5%, 살인·강도·강간 등 강력범이 2.8%, 교통사범이 16.0%로 나타나고 있다. 2008년에 비하여 강력범과 폭력범은 줄어든 반면 재산범은 증가하였다(<표 3> 참조).

4. 年令別 傾向

2009년 전체 청소년범죄 건수 중에 16세 청소년의 범죄가 23.1%에 달해 가장 높은 비율을 차지하였고 이어 15세 21.8%, 17세 20.6%, 18세 19.0%, 14세 13.7%, 14세 미만 1.8%의 순이었다(<표 4> 참조).

5. 動機別 傾向

2009년의 청소년범죄자의 범행동기를 보면, 우발적 범행이 25.0%로 가장 많고, 다음으로 유흥비 충당 등 이욕범행이 16.7%, 부주의가 13.3%, 취중(호기심)이 8.6%의 순이다(<표 5> 참조).

<표 3> 靑少年犯罪 類型別 傾向

(단위: 명)

구 분		2005년	2006년	2007년	2008년	2009년
계		67,478	69,211	88,104	134,992	113,022
强力犯	소계	1,549	1,857	1,928	3.016	3,182
	흉악범	797	878	1,094	1,427	1,608
	성폭력	752	979	834	1,589	1,574
暴力犯	소계	21,009	18,104	23,275	34,067	29,488
	공갈	238	405	562	1,046	1,495
	폭행·상해 등	20,771	17,699	22,713	33,021	27,993
財産犯	소계	26,848	29,506	33,659	39,688	45,774
	절도	22,068	24,842	28,839	33,073	38,494
	횡령 등	705	997	1,167	1,855	1,664
	장물	173	222	271	571	820
	사기	3,902	3,445	3,382	4,189	4,796
교통사범		15,000	15,517	21,893	27,666	18,138
저작권법 위반		—	—	2,338	20,272	7,720
기타		3,072	4,227	5,011	10,283	8,720

*출처: 2010청소년백서(여성가족부)

<표 4> 靑少年犯罪 年令別 傾向

(단위: 명)

연 도	계	14세 미만	14세	15세	16세	17세	18세	19세
2005	67,478 (100)	523 (0.8)	7,121 (10.6)	11,640 (17.3)	12,030 (17.8)	10,755 (15.9)	11,561 (17.1)	13,848 (20.5)
2006	69,211 (100)	400 (0.6)	8,484 (12.3)	13,400 (19.4)	13,367 (19.3)	11,087 (16.0)	10,637 (15.4)	11,836 (17.1)
2007	88,104 (100)	578 (0.7)	10,884 (12.4)	18,081 (20.5)	17,306 (19.6)	14,539 (16.5)	13,603 (15.4)	13,113 (14.9)
2008	134,992 (100)	3,800 (2.8)	16,638 (12.3)	26,385 (19.5)	26,932 (20.0)	21,784 (16.1)	20,808 (15.4)	18,645 (13.9)
2009	113,022 (100)	1,989 (1.8)	15,431 (13.7)	24,657 (21.8)	26,153 (23.1)	23,307 (20.6)	21,485 (19.0)	—

*출처: 2010청소년백서(여성가족부)

〈표 5〉 青少年犯罪 動機別 傾向

(단위: 명. %)

연 도		2005	2006	2007	2008	2009
계		108,342 (100)	124,244 (100)	146,986 (100)	164,182 (100)	161,277 (100)
이욕	소　　계	20,629 (19.0)	22,122 (17.8)	26,030 (17.0)	22,985 (14.0)	26,949 (16.7)
	생 활 비	1,967 (1.8)	1,691 (1.4)	2,474 (1.7)	1,947 (1.2)	2,612 (1.6)
	유 흥 비	9,432 (8.7)	9,155 (7.4)	9,472 (6.4)	8,686 (5.3)	9,579 (5.9)
	허영사치심	1,638 (1.5)	1,738 (1.4)	2,471 (1.7)	1,181 (0.7)	1,096 (0.7)
	기　　타	7,592 (7.0)	9,538 (7.6)	11,613 (7.9)	11,171 (6.8)	13,662 (8.5)
사 행 심		1,036 (1.0)	1,066 (0.9)	1,383 (0.9)	1,157 (0.7)	1,080 (0.7)
원 한 분 노		1,756 (1.6)	1,492 (1.2)	1,870 (1.3)	2,359 (1.4)	1,806 (1.1)
취 중 (호 기 심)		9,711 (9.0)	12,346 (9.9)	15,637 (10.6)	15,057 (9.1)	13,805 (8.6)
우 발 적		26,786 (24.7)	30,813 (24.8)	34,537 (23.5)	35,956 (21.9)	40,254 (25.0)
유 혹		1,251 (1.2)	1,278 (1.0)	1,596 (1.1)	1,914 (1.2)	2,354 (1.4)
가 정 불 화		135 (0.1)	134 (0.1)	153 (0.1)	92 (0.1)	113 (0.07)
부 주 의		12,725 (11.7)	16,366 (13.2)	19,925 (13.6)	22,035 (13.4)	21,417 (13.3)
현 실 불 만		973 (0.9)	1,117 (0.9)	1,693 (1.2)	1,590 (1.0)	1,290 (0.8)
기 타		33,340 (30.8)	37,510 (30.2)	44,162 (30.0)	61,037 (37.2)	52,209 (32.3)

*출처: 2010청소년백서(여성가족부)

6. 學歷程度別 傾向

1998년도 청소년 범죄자의 교육정도를 보면 고등학교 재학 및 졸업자가 56.2%로 가장 많고, 다음은 중학교 재학 및 졸업자가 30.0%, 대학교 재학 및 졸업자가 7.1%의 순이다.

초등학교 졸업자는 1994년에 2.9% 이던 것이 매년 감소하여 1998년에는 1.7%로 낮아졌고, 중학교 재학 및 졸업자도 감소추세에 있고, 고등학교 재학 및 졸업자는 1994년에 56.4%이던 것이 1998년도에는 56.2%로 큰 변동을 보이지 않고 있다(<표 6> 참조).

<표 6> 靑少年犯罪 學歷程度別 傾向

(단위: 명, %)

연 도	계	불 취 학	초등학교	중 학 교	고등학교	대 학 교	기 타
2005	108,342 (100)	169 (0.2)	3,187 (2.9)	33,929 (31.3)	61,108 (56.4)	4,190 (3.9)	5,759 (5.3)
2006	124,244 (100)	177 (0.1)	2,896 (2.3)	39,480 (31.8)	70,199 (56.5)	5,458 (4.4)	6,034 (4.9)
2007	146,986 (100)	190 (0.1)	2,718 (1.8)	45,733 (31.1)	82,880 (56.4)	6,771 (4.6)	8,694 (5.9)
2008	164,182 (100)	171 (0.1)	2,624 (1.6)	47,287 (28.8)	84,987 (51.8)	8,852 (5.4)	20,261 (12.3)
2009	161,277 (100)	226 (0.1)	2,725 (1.7)	48,318 (30.0)	90,558 (56.2)	11,500 (7.1)	7,950 (4.9)

*출처: 2010청소년백서(여성가족부)

7. 家族關係別 傾向

2009년 소년범죄자의 가족관계를 보면, 실부모가 있는 소년이 74.4%로 가장 많고, 다음은 실모무부 8.1%, 실부무모 6.6%, 무부모 3.1%, 실부계모 1.1%, 실모계부 0.6%의 순으로 전년도와 비율은 약간 차이가 있으나 순위에는 큰 변동이 없다(<표 7> 참조).

〈표 7〉 청소년범죄 가족관계별 경향

(단위: 명, %)

연도	계	미 혼											기혼
		실부모	계부모	실모계부	실부계모	실부무모	실모무부	계부무모	계모무부	무부모	미상		
'05	108,342 (100)	81,256 (75.0)	341 (0.3)	682 (0.6)	1,067 (1.0)	5,298 (4.9)	9,336 (8.7)	93 (0.09)	76 (0.07)	2,703 (2.5)	198 (0.2)		7,264 (6.7)
'06	124,244 (100)	93,597 (78.4)	451 (0.4)	727 (0.6)	1,188 (1.0)	6,679 (5.4)	10,520 (8.5)	91 (0.07)	185 (0.1)	3,006 (2.4)	167 (0.1)		7,633 (6.1)
'07	146,986 (100)	112,323 (76.4)	357 (0.2)	783 (0.5)	1,307 (0.9)	8,059 (5.5)	11,656 (7.9)	90 (0.06)	953 (0.6)	2,797 (1.9)	158 (0.1)		8,503 (5.8)
'08	164,182 (100)	127,853 (77.9)	378 (0.2)	903 (0.6)	1,574 (1.0)	9,012 (5.5)	12,143 (7.4)	109 (0.07)	250 (0.2)	3,847 (2.3)	133 (0.08)		7,980 (4.9)
'09	161,277 (100)	119,991 (74.4)	404 (0.3)	1,033 (0.6)	1,807 (1.1)	10,709 (6.6)	13,128 (8.1)	113 (0.07)	162 (0.1)	4,968 (3.1)	129 (0.08)		8,833 (5.5)

*출처: 2010 청소년백서(여성가족부)

이와 같이 靑少年범죄의 양적인 증가의 또 하나의 이유는 上給學校 入試에 낙방한 再修生들의 無氣力과 社會의 無關心 無責任에서 오는 家庭과 學校 相互間의 단절의 부산물的인 犯法行爲이다. 그들의 心的인 갈증과 허탈증을 채울 수 없어 급기야 가출, 불순이성교제, 불량교우와 접촉, 대마초 흡연 등의 특징으로 나타나게 된다.[5]

---

5) 安載禎, 前揭書, p.226.

第3節 靑少年非行의 質的 變化와 그 특징

우리나라 靑少年犯罪는 全体 犯罪중에서 점유하는 비율은 높지 않으나 質的 측면에서 볼 때 成人犯罪를 능가하는 심각한 양상을 보이고 있으며, 그 質的 変化는 대략 다음과 같이 요약할 수 있다.

1. 知能化: 완벽한 犯罪를 위한 지능화 傾向
2. 集団化: 集団行動이 成人보다 강한 傾向
3. 暴惡化: 과격, 충동, 억압 등으로 포악한 傾向
4. 보편화: 종래 저소득, 결손가정에서 현재 중상류이나 보통가정 출신 犯罪의 증가 경향
5. 性的 非行의 增加
6. 약물재 使用量 增加: 본드, 대마초 등 환각제 使用 증가

이것들을 구체적으로 살펴보면 다음과 같다

가. 지능화(知能化) 경향

요즈음은 TV, 영화 등의 매스컴의 영향으로 靑少年들이 成人들의 犯罪手法을 모방함은 물론 이를 교묘한 방법으로까지 동원하고 있다. 특히 靑少年犯罪의 學力程度別 狀況(<표 6> 참조)에서 보는 바와 같이 高等學校와 大學校가 차지하는 비율이 1984년부터 44~48% 정도를 차지하고 있으므로 全体 靑少年犯의 절반 이상에 이르고 있는 것은 靑少年과 全國民의 학력이 높아진 이유로도 볼 수 있으나, 점차로

知能化되어 간다고 이야기할 수 있다.

나. 집단화(集団化) 경향

소년기는 集団에 대한 소속욕구 내지 욕구불만에 대한 集団逃避 등의 心理가 강하게 형성되며, 특히 群衆心理에 의하여, 반항적, 폭력적, 파괴적으로 되는 경향이 있다.[6] 이러한 非行集団 현상은 선진국에서 날로 심해지는 경향이 있음을 미루어 볼 때 先進化의 길목에 접어든 우리나라에서도 이 問題가 날로 증가될 것이 예상된다.

특히 中高等學生 경우 학급에 몇몇의 非行學生이 있다면 과거에는 대개가 고립되어, 學校內에서는 問題行動이나 自己表現을 억제하려 했으나 最近에 와서는 同級生內에서도 數名의 학생이 조직을 갖고 誠實한 學生의 수업을 공공연히 방해하기도 하여 그 조직을 강화하려 든다. 따라서 그들은 한 學校內에서 두목의 절대적인 지배와 명령에 움직이고 있다.

다. 포악화(暴惡化) 경향

現代 모든 國家마다 강조되고 있는 점은 靑少年非行의 증가와 그 質에 있어서의 "粗暴化" 또는 惡質化되어 가고 있다는 것이다. 우리나라의 경우에도 靑少年犯罪 中 暴力犯이 靑少年犯의 주종을 이루고 있으며(<표 3> 참조), 犯罪의 수법이 대담하여 手段과 方法을 고려치 않기 때문에 그 결과가 엄청난 事件을 만들고 있어 罪質面에서 成人犯罪를 능가하고 있다는 것이다.

---

6) 김재한, 靑少年發達心理学(서울: 世光公社, 1995), pp.161~162.

10대의 조직적인 폭력배가 활개 치는 곳이 遊興街인 同時에 學院街의 주변으로 이들의 탈선과 강도, 절도 등의 증가는 경찰에서 단속하는 만큼 정비례하고 있는 듯하며, 특히 <표 3>에서 보는 바와 같이 살인과 강도가 급증하고 있는 것은 靑少年범죄가 포악해지는 것을 나타냄을 알 수 있다.

라. 보편화(普遍化) 현상

종래는 저소득층, 결손가정의 靑少年에 대한 非行事件들이 많았다. 현재에도 많은 비율을 차지하고 있지만, 작금의 현상으로서는 중상류 家庭의 靑少年犯罪가 증가하고 있으며 종래에는 都市가 犯罪 유혹이 많고 非行의 기회 및 대상이 많고, 은신, 도피, 장물처분이 용이하고, 이웃소년의 非行에 대한 주위의 무관심과 부모의 감독이 소홀하여 불량소년과 교우하기 쉬웠던 경향이 있었으나, 현재에는 都市 못지않게 小都市, 농촌 등에서도 보편화 犯罪의 현상을 볼 수 있다.

마. 性的 非行의 增加

伝統의 倫理觀의 서구문물의 유입으로 인한 価値의 混亂 중에서 그 보수성이 퇴색하게 됨으로써 그 악영향이 특히 靑少年에게 미쳤다고 볼 수 있으며, 그중에서도 매스미디어의 발달과 享樂的인 風潮의 全般的인 社會漫然, 여성의 개방화 의식 등에서 그 원인을 찾을 수 있다. 거리마다 줄지은 카페, 룸살롱, 디스코텍 등 享樂産業이 버젓이 학원가의 주위에서 낮밤을 가리지 않고, 감수성이 예민한 靑少年을 손짓하고 있는 것은 人間性의 황폐를 부르고 있는 것이다.

특히 性的인 非行은 하나님께서 人間을 창조[7]하신 뒤에도 人間들의 삶 속에서 많은 犯罪의 원천이 되어 왔다. 따라서 聖経에서도 "性的 不道德을 금지하라,[8] 매춘과 남색을 금하라,[9] 淫女를 피하라,[10] 색욕을 버리라"[11]라고 경고하고 있다. 또한 2009년 인구 10만 명당 10~19세의 청소년의 성범죄 비율은 일본이 6.2명인 데 비해 한국은 19.9명으로 일본의 3.2배에 달했다. 또한 원조교제가 교사, 공무원, 정치인 등 소위 청소년을 선도하는 집단에서도 가해자로 적발되고 있고 청소년 스스로 돈을 위해서는 성을 헌신짝 버리듯 하고 있는 실태로서 초·중고생의 12%가 여관, 모텔 경험과 성행위를 경험한 것으로 나타나고 있다. <표 8>은 청소년이 위해업소를 경험한 현황이다.

〈표 8〉 청소년 위해업소 경험현황(2009년)

업 소	초·중고생 경험률(%)	업 소	초·중고생 경험률(%)
만화방	59.0	록카페	7.0
전자오락실	85.0	콜라텍	16.0
PC방	79.8	호프집·소주방	23.5
당구장	47.2	디스코텍	7.0
노래방	80.0	단란주점	5.6
비디오방	21.4	티켓다방	3.0
커피숍	34.1	여관·모텔	11.6
카페	17.5		

*출처: 2010청소년백서(여성가족부)

---

7) 구약성경. 창세기 1장 27절.
8) 구약성경. 레위기 20장 11~21절.
9) 구약성경. 신명기 23장 17절.
10) 구약성경. 잠언 2장 1~22절.
11) 구약성경. 잠언 5장 1~23절.

바. 약물남용 증가

精神的으로 가장 건강해야 할 우리 靑少年들이 말초신경을 자극, 일시적으로 불안, 공포, 초조, 고통에서 벗어나려고 現實 逃避的으로 약물을 濫用하고 있다. 이와 같은 약물복용은 60년대 후반부터 美軍基地를 중심으로 使用되다가 급기야는 연예계, 유흥가, 그리고 대학생, 재수생 심지어 고등학생들에게까지 급속도로 퍼지고 있는 現實이다.[12]

<표 9>는 靑少年들의 藥物濫用에 따른 非行行爲를 알아보기 위해서 大韓赤十字社에서 學校靑少年 2,700명, 勤勞靑少年 605명, 非行靑少年 916명을 할당표출(Quater Sampling)방법으로 분석한 내용이다.

〈표 9〉 청소년 약물사용의 통계

(단위: %)

구 분	학교청소년				근로청소년				비행청소년			
	'00	'03	'06	'09	'00	'03	'06	'09	'00	'03	'06	'09
술	48.0	52.8	57.5	71.3	75.5	82.4	77.6	95.2	93.1	82.6	91.4	90.2
담배	33.1	29.0	22.3	28.1	28.2	36.4	39.1	37.7	96.1	86.6	93.7	95.5
수면제	5.9	1.8	4.7	5.3	29.7	6.6	10.0	11.2	25.4	8.2	19.2	11.6
각성제	29.7	6.6	10.0	13.8	37.3	3.6	8.9	15.0	34.8	6.8	10.5	16.1
본드	4.4	2.5	1.5	3.3	6.7	3.6	2.4	3.6	47.0	45.9	48.7	68.8
가스	—	1.5	1.4	3.7	—	2.8	4.2	5.3	—	32.9	43.7	58.0
대마초	1.9	0.8	0.9	0.5	1.7	1.5	0.9	1.1	28.5	6.9	12.3	6.3
마약	0.7	0.6	0.2	0.3	0.9	0.6	0.2	0.6	9.4	7.2	0.8	1.8
필로폰	0.7	0.4	0.5	0.2	1.4	0	1.3	0.5	9.6	5.6	1.5	4.5

*출처: 2010청소년백서(여성가족부)

위 표에서 보는 바와 같이 각성제 사용 경험자는 학교청소년, 勤勞靑少年, 非行靑少年 集団에서 모두 13~16% 정도이고, 본드 사용은 非行 靑少年 경우 68.8%를 사용했고, 특히 대마초 使用率은 학교청소

---

12) 安載禎, 前揭書, p.222.

년 0.5%, 勤勞靑少年은 1.1%로 낮으나 非行靑少年은 6.3%의 높은 使用率을 보이고, 필로폰 사용경험자는 학교청소년 0.2%, 勤勞靑少年 0.5%, 非行靑少年은 4.5%로 높게 나타났다. 이와 같은 약물복용이 靑少年들로 家庭과 學校 및 社會生活에서 나타나는 社會的 非行失態는 다음 <표 10>과 같다.

<표 10> 약물에 의한 청소년非行 行爲의 統計

(단위: %)

내 용	高等學生(초 · 중)	勤勞靑少年	非行靑少年
반항	37.9(26.5:47.4)	42.3	65.2
무단결석	16.5(15.1:17.6)	42.3	85.8
학교처벌	7.1(5.9:7.9)	8.8	51.2
가출	7.6(4.9:9.7)	9.4	79.0
경찰서보호	2.9(1.1;4.3)	3.6	64.4
무기소지	8.9(6.7:10.6)	5.1	66.3
금품갈취	8.1(8.1:8.1)	5.0	75.2
성관계	8.3(6.8:9.3)	14.5	75.7
음란비디오 관람	32.3(25.6;37.8)	30.9	83.3
술집 출입	19.6(5.6:31.1)	46.6	84.3

*출처: 2010 청소년백서(여성가족부)

또한 靑少年들의 藥物使用과 非行行爲 간의 관계에서는 藥物과 非行을 경험한 학생들은 피로회복제 남용으로부터 약물남용을 시작하며, 13세에 흡연을 하고 14세에 진통제를 使用하며 14세 후반에 집중적인 각성제, 음주, 본드, 마리화나를 사용하고 15세에 안정제, 16세에 최면제 사용을 시작한다는 것이며, 非行行爲는 무단결석으로부터 시작하고 무단결석은 흡연을 시작한 바로 직후인 13세에 나타나며 곧이어 금품갈취의 非行을 저지르게 된다. 14세 후반에 가서는 學校처벌을 받고, 이 시기에 반항과 가출이 뒤따르며 가출 뒤에는 본드, 마리화나 등의 藥物을 使用한다. 15세에 들어 음란 비디오를 보거나 흥기소지가 동시에 일어나고 음란 비디오 관람은 성관계를 自然的으로 수반하게 하며 안정제 등의 복용도 이 시기에 나타난다(<도표 1> 참조).

〈도표 1〉 첫 藥物濫用과 연령에 따른 非行行爲

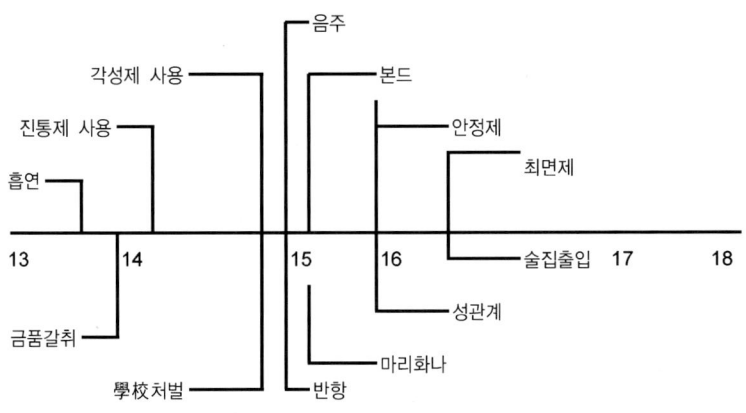

*출처: 2010청소년백서(여성가족부)

이와 같은 學校 靑少年들이 약물을 濫用하는 이유는 "괴로움을 잊기 위해서"가 41.8%, "잠을 안 자기 위해서"가 19.7%로서 주된 원인이 된다. 이와 같은 이유는 우리나라 靑少年들이 個人的 고민, 入試問題에 상당히 관련이 있음을 나타내 주며, 이 같은 藥物濫用은 어떤 단일 社會的 要因에 의한 것이 아니고 부모, 동료, 교사 및 靑少年 관련 社會制度, 특히 入試制度 등이 관련된 複合的 問題이니 이 問題에 더욱 우리 모두의 관심을 기울여야 할 것이다. "東方禮義之國"이라는 우리나라의, 靑少年의 犯行이 이와 같이 흉악하고 그 手法이 잔인해져 가고 있는 원인은 다음과 같이 分析될 수 있다.

1) 社會가 現代化되어 가는 과정에서 그동안 권위를 유지해 오던 家長 내지 스승 또는 共同体 社會에서의 어른 등의 지위가 과거에 비해 相對的으로 약화됨으로써 권위의 종속관계에서 해방된 젊은이들은 고슴도치와 같은 전도된 自己 論理的 딜레마 속에서 성장하게 되어, 人間關係의 일정한 범주를 변칙적으로 이탈해 가고자 하는 충동과 倫理的 行爲의 固守라는 기존 질서와의 충돌에서 빚어지는 갈등에 의해 그 가해성이 가미될 수 있다.

2) 各級學校에서 생명의 존중사상을 통한 휴머니즘 形成 또는 倫理的 人間關係의 설정기준을 제시할 어떠한 敎育도 제대로 이루어지지 않고 있다.

3) 생명의 존엄성과 道德的 品性을 体質化시키는 宗敎的 精神의 日常化가 되어 있지 않다.

4) 生命과 人間性의 존귀함이 함양되는 讀書不在도 이 잔인한 犯罪의 원인 중의 하나가 되고 말았다. 이와 같이 현대화 과정에서 야기되는 靑少年問題를 조금이나마 방지키 위해서는 旣成世代의 건전한 生活風土와 価値觀이 우선 形成되도록 生活의 주위에서 노력이 요구되고 있다.

이상으로 일반 청소년 비행의 특징과 원인 범죄 유형별 현황에 관해서 알아보았고, 다음 절에서 각종 범죄에 있어서 그 원인으로 작용하는 제이론들 중 생물학적 이론과 심리학적 이론은 생략하고 군범죄와 다소 연관이 되는 사회학적 범죄이론에 관해서 간략히 알아보고자 한다.

第4節 社會學的 犯罪 理論

사회학적 범죄원인론은 생물학적 특성이나 心因性을 강조하는 個人主義的 관점인 행위자의 특성과 연관시켜 파악하려는 微視的 입장보다는 社會文化的 要因을 강조하여 행위자가 처한 상황과 과정 및 통제에 초점을 두고 파악하려는 입장이다.[13]

이러한 社會學的 理論은 범죄를 사회구조적 요인인 사회의 산물 또는 표현으로 보아 家庭環境, 父母, 兄弟들이나 交友關係 그리고 그가 처해 있는 사회적, 경제적 사회구조라든가 규범적 문화체계 등이 범죄행위를 유발시킨다는 제이론으로 "어떤 種類의 社會인가"라는 사회구조의 특성에 핵심을 두어 개인의 책임보다는 社會的 責任을 역설하고 있는 것이 특징이다. 이들 이론은 社會構造論(사회해체론, 아노미론), 非行下位階級論(비행하위문화론, 차별적 기회구조론, 하위계급문화론), 社會過程論(접촉차이론, 표류 및 중화론), 社會統制論, 急進論 등으로 크게 분류하고 있으나, 본 연구에서는 군범죄의 원인과 다소 관련이 있다고 판단되는 사회해체론, 비행하위문화론, 사회통제론, 분화적 접촉이론들을 중심으로 考察하고자 한다.

1. 社會解体論(Social disorganization theory)

이 학설의 개척자는 미국의 社會心理學者 쿨리(C. H. Cooly)와 토마스(W. I. Thomas) 등이다. 이 이론의 요지는 사회의 각종 제도가 주어

---

13) 表甲洙, 靑少年 非行 原因 理論(서울: 韓国 福祉 政策 研究所, 1999), p.7.

진 일정 목적에 따라 조직화되거나 통일적으로 기여하지 못하고 分化解体되어 각기 다른 기능과 목적을 수행함으로써, 사회구성원들의 価値觀이나 態度가 一貫性을 지니지 못하여 각기 나름대로만 행동하는 경향을 띠게 된 사실을 지적하면서, 이러한 가치와 태도체계의 분열과 기능장애는 각종 社會問題를 낳게 마련인바, 그중의 하나가 犯罪라는 것이다.

2. 非行下位文化論(Delinquent subculture theory)

코헨은 사회에는 각계각층의 성원들이 공유하고 있는 문화가 있는데, 중산층을 중심으로 형성된 중심문화와 下流階級인 노동자의 자녀들이 가지고 있는 문화 간에는 중대한 葛藤이 일어나고 있다고 보고 있다. 즉, 중산층의 가치기준에 의하여 지배되고 있는 미국사회에서 하위계층의 소년들은 사회적으로 불만을 느끼게 됨에 따라, 이에 대한 反動을 형성하게 되고 그것이 일반적인 社會規範이나 価値体系의 무시로 되어 범죄나 비행에로 나아가게 된다고 한다.[14]

3. 社會統制論(Social control theory)

허쉬(T. Hirschi)는 사회성원은 그의 소속집단에의 체제가 약화되면 결과적으로 개인과 사회와의 관계에 있어서 사회에 대한 의식과 사회의 구속력이 약화되어 사회의 규범을 준수하지 않게 된다는 뒤르

---

14) 鄭栄錫, 한국 청소년비행의 현상과 그 대책. p.55.

켐(E. Durkheim)의 이론에 따라, 어느 특정한 소년이 비행을 범하게 됨은 개인에게 있어서 비행을 강요하는 신념보다는 사회와의 유대의 결여로 인하여 개인이 비행을 금지시키지 못한다고 보고 있다. 즉 Hirschi는 비행은 개인이 젊은 시절에 그를 사회에다 묶어 두는 約束이 약했기 때문이라는 것이다. 또한 그는 모든 사람은 잠재적인 法律違反者로 보고 있다.

그러나 비합법적인 행동이 친구, 부모, 이웃 그리고 學校, 직장 등과 같은 사회제도들과의 관계에 회복할 수 없는 해를 가져다줄 수 있다는 두려움에 의해서 통제를 받고 있다고 확신하고 있다. 社會의 結束이 없고 다른 사람에 대한 관심이 없을 때 개인의 非行行爲가 자유롭게 이루어진다는 것이다.

4. 분화적 접촉이론

이 이론은 1924년 서덜랜드(E. H. Sutherland)에 의하여 처음으로 제안된 것으로, 要旨는 범죄는 타인과 접촉하는 과정에서 개인마다 서로 다르게 타인을 접촉하고 그의 행동을 학습하는 결과로서 생기게 된다. 즉, 일정한 사람이 법률을 위반하는 것이 옳다고 생각하는 정도가 옳지 못하다고 생각하는 정도를 초과하는 경우에 범죄자가 되는 것이며, 그렇게 생각하게 되는 것은 그동안 자신이 접촉한 사람들이 범죄적 행동형인 사람의 비율이 훨씬 많은 경우에 그러하다. 또한 이와 같이 각 개인마다 다른 분화적 접촉은 그 빈도, 기간, 순위, 강도가 다양하다는 것이다.[15] 이 외에도 낙인이론, 자기관념이론 등이 있으며 군에서는 범죄원인을 지니고 있는 청소년이 검증 없이 군에 유입되어 입대함으로 범죄가 재발되는 것을 방지하기 위하여 한국형 육군 인성검사(KMPI)와 교우도식 등을 통하여 범죄가능 인원을 색출하고 있다.

다면적 인성검사(Minnesota Multiphasic Personality Inventory)는 1943년 미국 미네소타 대학에서 창안한 것으로서, 개인의 인성을 다각도로 관찰, 내면에 잠재되어 있는 평범하지 않은 특징(비정상적 징후)을 분석해 냄으로써 사고 예방적 차원에서 상담 및 정신치료활동의 기초자료가 되는 검사로서, 군에서는 ○○○부대에서 15만 명을 대상으로 시험한 결과 연간 사고자 중 82%가 MMPI검사에서 비정상으로 판정된 병사인 것이 확인되었다. 다면적 인성검사 활용은 아래 표와 같으며 현재 육군은 한국형 육군인성검사(KMPI)[16]를 활용하고 있다.

〈표 11〉 다면적 인성검사 활용

○○○보충대	실무부대	
	신교대장	지휘관
•검사실시: 입영장정/보충병 •비정상 판정 및 예측되는 행동기술 •병력 배출 시 신교대장 및 보충선에 전달	•비정상자 관찰 및 상담 •MMPI 검사 결과 및 관찰 결과 발송 •자대요원: 해부대 지휘관 •위탁요원: 인사참모	•통보된 자료를 기초로 비정상 신상파악 관심 제고 •부하관리에 참고, 사고가능성 사전예방 •검사결과는 비밀유지

---

15) 鄭栄錫, 上揭書, p.52.

16) KMPI: 한국군 장병들을 대상으로 표준화한 간편형으로 검사내용은 MMPI와 같음.

第3章

青少年非行과 軍犯罪와의 관계

우리나라 젊은이들은 헌법 제37조 제1항에 의거 모두 軍服務를 마쳐야 한다. 이 기간은 靑少年期의 2년으로 人生의 黃金期를 特殊組織에서 生活을 해야 하며, 이 기간의 生活이 장차 자신의 삶에 막대한 영향을 미친다는 사실에는 그 누구도 부인할 수 없을 것이다.

　지금의 우리 주변環境은 경제가 성장함에 따라 國民의 生活水準이 향상되고 社會的인 変化가 加速化되면서 個個人의 心理的 慾求는 물론 情緒的, 社會的 기대감이 날로 높아지고 있는 한편, 다양한 社會構造変化에 自律的으로 순응하지 못한 靑少年階層에서 여러 가지 형태의 情緒的, 社會的 부적응 행동을 유발하여 社會問題를 야기하고 있다. 이러한 社會影響을 받고 軍에 入隊한 일부 兵士 중에는 部隊環境에 적응치 못하여 급기야는 自殺, 부대이탈 등과 같은 사건을 일으켜 자신은 물론 社會에 큰 물의를 일으키고 있음을 알 수 있다. 장차 靑少年 犯罪는 더욱 복잡해지고 또한 증가할 것으로 예견됨에 따라 軍에 入隊하는 청년들에 대한 새로운 각도에서의 軍隊敎育이 절실하게 느껴진다. 다음에서 신세대 병사들의 특성과 군에 미치는 영향, 청소년 비행과 군범죄와의 관계에 대해서 살펴보고자 한다.

第1節 신세대 병사의 특성과 군에 미치는 영향

1. 신세대 병사의 특성

현 시대는 경제의 발달로 인해 사회가 갑자기 변함에 따라 개인주의가 만연하고 물질만능주의가 팽배함으로써 가치관이 급속으로 변화하고 있는 카오스(chaos) 시대의 생존경쟁 속에서 살고 있다. 따라서 그 어느 때보다 투철한 안보의식이 요구됨에도 불구하고, 나태한 사고를 견지함으로써 안보의식이 점차로 해이되고 있으며 국가에 대한 소명의식마저 퇴색되고 있다.

군도 마찬가지로 과거 '잘살아 보자'는 희망으로 개인의 욕구는 참고 견디면서 밤낮없이 바쁘게 살아온 기성세대의 지휘관 아래, 70년대 말 경제적으로 풍요롭고 편리한 생활환경 속에서 대부분 부모의 과잉부호를 받고 자란 신세대들이 성장환경의 독특성에서 기인한 여러 가지 특징을 지니고 군에 입대함으로써 군에서도 기성세대와 신세대 간의 갈등이 초래되고 있다.

군은 과거 어느 때보다도 병사들을 지휘하고 부대를 운용하는 데에 있어서 갖가지 어려움에 처해 있는 실정이다. 예전 같으면 말 한마디면 통하던 것들이 작금(昨今)에 와서는 병사들이 고학력화되고 경험을 체험한 신세대 병사들이 대거 군에 입대함에 따라 지휘에 합리성과 타당성을 갖추지 못하면 병사들로부터 외면당하고 소외되기 쉬우며, 신세대 병사들의 특징 중의 하나인 자유분방함과 극단적인 이기주의 성향은 지휘관의 개인적인 세심한 지도와 부모와 같은 자상한 배려를 요구하고 있다.

이와 같이 다양한 특징을 가지고 있는 신세대 병사들의 대거 군입대로 인하여 과거의 지휘통솔 개념은 무의미해지고 있고, 이에 따라 새로운 사고의 지휘통솔 기법을 개발하지 않으면 부대 운용에 막대한 차질을 초래하게 될 것이다.

이에 이 연구에서는 신세대의 특징을 분석하여 우리의 안보현실과 새로운 천년의 시대에 맞는 신사고의 지휘통솔 기법을 제시해 봄으로써 원활한 부대지휘 및 관리에 도움이 되었으면 한다.

현대는 고도의 경제성장에 따른 시대의 급속한 변화로 인하여 과거와는 매우 상이한 가치관이 사회 전반에 자리 잡고 있다.

핵가족, 서구화 물결과 대중화의 범람, 소비성향·가치관의 변화, 신세대, X세대, Y세대, N세대 등 다양한 신조어들이 등장하여 사회 전반에 만연되어 있다.

이러한 사회의 다양한 세태를 겪은 신세대들이 대거 군에 유입됨에 따라 군의 초급간부 및 지휘관들이 이제는 이들의 가치관에 따라 많은 변화를 가져와야 한다고 본다.

신세대들의 성장배경을 보면 기성세대와는 다른 고도의 경제성장 속에서 풍요로운 생활환경을 배경으로 성장하여 물질만능주의를 추구하게 되었고, 인내력과 정신력이 과거에 비해 부족한 실정이다. 또 남아선호 사상으로 인하여 많은 자녀를 두었던 대가족제도가 핵가족화됨에 따라 부모들의 과잉보호로 인한 나약함이 두드러지게 나타나고 있다. 과도한 교육열과 입시 위주의 사회는 신세대 장병에 전인교육 부재와 지나친 경쟁의식을 조장하게 되었고, 격렬했던 70, 80년대 학생운동 시대에 성장하여 기존 정치, 사회질서 및 군사문화에 반감을 가지고 있다. 그리고 감성적이고 자극적인 성향, 고정된 형식의 부정, 권위와 억압을 탈피하려는 성향, 정적이기보다는 동적인 합리성을 추구하므로 틀 안에서의 규정된 생활을 부정하는 경향이 뚜렷하다.

그 외에 자기중심적인 생활의 영위로 개성이 강하고 남의 눈치를 살피지 않고 솔직하게 자기를 표현하며, 창의적·합리적인 사고로 사물을 분석적·비판적으로 보며 운(運)보다는 개인의 노력과 능력을 중시하는 자아실현 욕구가 강한 장점도 지니고 있다. 이들의 특징을 정리해 보면 <표 12>와 같다.

〈표 12〉 신세대 병사의 특성

긍정적인 면	부정적인 면
•높은 교육수준과 정보·과학 생활 체질화로 첨단 기자재 운용 능력 탁월 •개방적이며 솔직한 의사 표현으로 밝은 병영문화 형성 •획일성과 고식적 사고 거부, 다양한 창의력과 대안 제시 •자신의 가치관과 일치될 때 유(有)·불리(不利) 가림 없이 적극 수용 •공정성과 합리성을 추구하며 병영 부조리 단호히 거부 •새로운 것을 추구하는 모험적 도전정신과 강한 자기 성취욕으로 힘들고 위험한 직위도 선호(특전사·해병대 지원율 급증)	•자유분방한 사고방식은 권위주의적인 지휘방식과 갈등 초래 •획일성과 고식적 사고 거부, 다양한 창의력과 대안 제시 •충동·쾌락추구, 의지·체력 약화로 각종사고 유발

이러한 다양한 강점과 약점을 지니고 있는 신세대 병사들을 지휘하기 위해서는 기존의 지휘통솔 기법에는 한계가 있기 마련이다.

따라서 신세대 병사들의 부정적인 면을 최소화하고 긍정적인 면을 적극 활용하여 동기유발을 통한 능력 극대화와 성취욕을 심어 주고,

군입대 후 병영생활 부적응 상태에서 발생할 수 있는 갈등과 사고유발 요인을 최소화함으로써 사고가 없는 가운데 사기충천한 부대관리를 해야 하며, 특히 부여된 임무를 완수하기 위해 절차탁마하는 과정 속에서 이기주의 성향을 극복하고 시민의식을 고취시켜 병영의 국민교육 도장화를 이룩해야 한다.

이렇게 효과적으로 신세대 병사들을 지휘하기 위해서는 열린 병영문화를 조성하여 병사들의 건전한 의견을 수렴하여 부대 운영에 반영함과 아울러 강요된 복종보다는 간부들이 솔선수범하면서 부하들이 자발적으로 병영생활에 동참토록 유도하고, 이들의 장점을 찾아서 아낌없는 격려와 칭찬으로 동기를 유발하여 신바람 나는 병영 환경을 조성하는 등 신세대 장병들의 단점을 보완하고 장점을 최대한 활용할 수 있는 다양한 지휘기법을 강구하고 개발해 나가야 한다.

최근 신세대의 대거 군 유입으로 인하여 병사들의 의식수준은 높아졌으나, 군을 사회와는 다른 하나의 공동체로 볼 때 군에 갓 입대한 이등병들은 마음이 여리고 선임병들의 행동을 그대로 따라 하게 되어 있다.

최근 들어 선임병이 생각하는 이등병의 모습은 '나태하다, 이기적이다, 체력이 약하다' 등으로 선임병의 시각으로 본 현상만 나열하여 '요즘 이등병은 큰일이다'라고 생각하고 있다. 그리고 선임병들의 이등병을 바라보는 자세는 '이등병은 왕이다'라는 잘못된 관점을 견지하고 있으며, 자신들이 생각하는 것처럼 그대로 이등병을 다루게 된다. 그러나 당사자인 이등병은 아무런 영문도 모르고 자신들은 '왕'이라는 생각을 하지 않는데도 불구하고 선임병들이 그렇게 다루기 때문에 자신들도 '왕'인 양 행동을 할 수도 있다. 그러나 현실은 그렇지만도 않다. 선임병들은 '이등병은 왕이다'라는 생각으로 이등병 혼자서 생각하고 알아서 행동할 줄 알고 있지만 이등병들은 낯설고 힘든 군 생활 속에서 자신들이 갈 길을 명확히 알지 못하기 때문에 방황하고, 탈영하고, 심지어는 자살까지 감행하게 되는 것이다.

'알아서 하겠지'라는 안일한 사고가 이등병들이 따돌림당하는 이유 중의 하나이다. 요즈음 사회에서 만연되고 있는 '왕따' 현상이 군에서도 이등병을 위주로 점차 확산되어 가고 있는 실정이다. 또 하나의 모습은 불과 1년에서 1년 4개월 전에 자신이 바로 이등병이었다는 사실을 망각하고 있다는 것이다. 따라서 이등병을 못마땅하게 생각하는 선임병들의 의식이 하루빨리 전환되어야 한다.

선임병들이 솔선수범하여 원칙과 규정에 입각한 군 생활을 영위하는 모습을 보여주게 되면 이등병들은 자연스럽게 답습하게 되어 있다. 또 나중에 선임병이 되었을 때에도 후임병에게 존경받는 선임병의 모습으로 남게 될 것이다. 이렇게 되기 위해서는 먼저 간부나 선임병들이 솔선수범하여 행(行)하여 후임병들에게 모범이 될 수 있도록 의식을 개선해야 한다.

상기한 내용들을 기초로 하여 볼 때 이등병들에게 발생하는 자살이나 탈영 등의 사고 원인을 살펴보면 선임병들이 자신에게 관심을 가져주지 않음으로써 본인 혼자라는 생각과 내성적인 성격, 신종 가혹행위인 '왕따' 풍조의 확산으로 인한 부적응현상 등의 직접적인 원인과 부대 내에서의 개인적인 의사와 행동의 제한으로 인한 불평, 불만, 보이지 않는 곳에서 선임병들의 심리적 억압 등 간접적인 원인으로 나누어 볼 수 있다.

사고의 원인을 살펴보면 주로 복무 부적응과 가정환경 비관 및 여자관계로, 복무 부적응은 선임병들의 구타와 가혹행위 등의 횡포와 상급자의 질책, 조직 내에서의 소외감 등이 주원인으로 볼 수 있다. 또 최근에는 IMF로 인한 대량 실업자가 발생함에 따라 가정환경을 비관한 자살사고와 휴가 미귀 등도 사고를 발생시키는 주요인으로 나타나고 있다.

2. 군에 미치는 영향

앞서 살펴본 바와 같이 신세대는 양면성을 지니고 있으며, 그러한 요인들이 군복무 과정에 있어서 개인적으로 적응이 잘 될 경우에는 탁월한 능력발휘로 군 전투력 증강에도 기여할 수 있으나, 통제된 군 생활에 잘 적응하지 못할 경우에는 군의 특수한 조직 환경 및 군 지휘통솔 여건에도 많은 부정적 영향을 끼칠 것으로 보인다. 따라서 신세대 병사의 특성이 군에 미칠 수 있는 영향에 대해 좀 더 구체적으로 살펴볼 필요가 있다. '신세대의 자기중심적 개인주의'가 긍정적 요인으로 작용할 때에는 그들이 지니고 있는 강한 자부심과 주체의식이 확고한 국가관 정립으로 표출될 수 있으나, 부정적 요인으로 작용할 때에는 그들의 강한 주체의식이 현실 부정과 결합하여 이념적 변질을 초래할 수도 있다. 또한 신세대의 자유분방한 성향은 강력한 통일성과 일관성을 요구하는 군조직에 대해 획일적인 전체주의로 왜곡하면서 내면적으로 엄격한 명령체계를 부정하며 강한 자기표현으로 상급자와의 갈등이 내재될 수도 있다.

第2節 軍隊社會의 靑年心理

軍은 기능상 靑年集團으로 구성되어 있다. 따라서 청년들의 一般的 心理特性을 이해해야 할 것이며, 이것이 部下理解의 基本核心인 것이다.

특히 靑年期는 身体的, 心理的, 精神的으로 볼 때 아동기에서 成年期로 넘어가는 過渡期에 있으며 一般的 特性은 다음과 같다.[17]

1. 身体的으로 급격한 변화를 가져와 生理的 여러 기능이 완성되며 에너지가 왕성해진다.
2. 성(sex)의 성숙으로 異性에 관심이 많아진다.
3. 自我意識의 發達로 心理的 이유現像이 나타난다.
4. 주관이 형성되어 이성, 친구, 취미 등의 선택이 뚜렷해지고 사고는 추상적이고 관념적이며 또한 批判的, 合理的이다.
5. 권위에 반항심이 강하고, 고독을 즐기고, 갈등(conflict)과 自己感情에 도취한다.
6. 過渡期的 現像으로 부적응과 非行도 많다.
7. 哲學과 人生에 대한 장래의 생각을 가지게 된다.
8. 개성이 뚜렷해져 독립된 社會人이 된다.
9. 행동의 중용이 없는 시기로 백일몽에 잠겨 있기도 한다.

---

17) 金仁植, 靑年心理学(서울: 培英社, 2005), p.16.

社會的 위치(status)가 확립되고 集団関係의 人間関係가 형성된다. 이처럼 心理的으로 不安定한 時期의 青年들을 엄정한 계통적 조직의 일원으로 양성하기란 결코 쉬운 일이 아니다. 兵士들은 처음 훈련소에 도착한 순간부터 자아욕구에 강한 위협을 받게 되며, 그들은 때로 기합을 감수해야 하고 각 個人의 主体性 喪失을 강요당할 수도 있으므로, 따라서 비관적인 생각을 가질 수도 있다. 이와 같은 兵士들의 心理的 특성으로는 다음과 같은 것들이 있다.[18]

1. 무사안일주의

兵士들의 마음속에 있는 지배적인 요소는 무사안일주의다. 가능한 身体的, 精神的인 고통 없이 복무기간을 마치고 제대하면 그만이라는 생각을 하고 있다.

2. 긍정적 추구

他人으로부터 인정을 받고자 하는 욕구는 人間의 基本的 欲求의 하나이다. 兵士들은 上官으로부터 인정을 받고자 하는 욕구가 있으나, 이는 명예나 자기만족을 추구한다기보다는 간혹 그것을 통하여 軍隊生活을 하는 동안에 心理的, 肉体的으로 편안하게 生活을 하고자 하는 욕구라는 점에 問題가 있다.

---

18) 国軍精神戦力学校, 相談理論과 実際, 1996, pp.33∼36.

3. 안정감 추구

現實的으로 兵士들은 보직의 이동이나 部隊의 이동 또는 지휘관의 이동 등을 좋아하지 않는다. 따라서 지휘관은 이 점을 참고로 하여야 한다.

4. 무책임성

一般的으로 兵士들은 의무기간을 마치고 제대하면 그만이라는 생각을 하기 쉽다. 따라서 무책임성은 兵士들의 一般的인 경향이다. 그러므로 兵士들의 行動에는 임시방편적, 임시응변식의 행동이 나타나기 쉬우므로 지휘관은 수시로 확인·점검해야 한다.

5. 性慾

20대의 청년으로 구성되어 있는 兵士들은 生理的으로 성욕이 왕성한 時期에 있다. 性的인 욕망은 다른 업무에 몰두함으로써 쉽게 대치될 수 있는 性質을 가지고 있기 때문에 바람직한 대책을 세우는 것이 좋다.

以上 열거한 것 이외에도 食慾이 있으며, 兵士들이 가장 기대하는 것은 휴가와 외출이다. 또한 兵士들은 지휘관보다는 고참병사를 더욱 두려워하는 경향이 있는가 하면, 초임하사에 대한 반발, 초급장교에 대한 존경심 결여 등의 特性을 가지고 있다.
이와 같은 兵士들의 一般的 心理特性을 간부들은 이해해야 할 필요가 있다.

第3節 青少年非行과 軍犯罪와의 관계

1. 青少年의 情緖的 특징과 軍犯罪[19]

가. 激烈性

青少年은 감동을 잘하고 상급자, 동료들의 사소한 언동에 얼굴을 붉히거나 분노 또는 웃음 짓고 슬픔에 잠기는 등 감정의 변화가 심하다. 그리고 자기를 영웅시하거나 또는 열등감에 사로잡히기도 한다. 그러므로 軍에 入隊한 靑年들도 上官의 사소한 한 마디로 感情을 자극하여 自殺을 기도하는 등의 사고를 유발시키는 경우가 있는 것이다.

나. 內面性

青少年은 자신의 감정을 즉시 외부에 표출하거나 또는 마음속에 숨겨 두는 內面化의 경향이 있다. 그러므로 감정을 마음속에 숨겨 두는 경우 감정이 억제되어 분노가 초조감이나 공포감으로 변하고 공포감이 불안이나 우려로 변하여 고민하게 되고, 결국은 脫營이나 自殺 등의 行爲로 나타나게 된다.

다. 情緖不安

情緖는 자극에 의해서 個人의 내부에서 생기는 강하고도 급격한 감정의 동요에 行動的 表現이 가미된 생태라고 할 수 있다. 따라서

---

19) 陸軍本部, 犯罪活動実務(팸플릿 190-33), p.39.

情緒의 不安은 靑少年 人格解体 症傷과 그로 인한 非行의 原因이 된다. 그래서 軍隊에 入隊한 신병일수록 情緒的 不安이 더욱 심하며, 그로 인해 軍 犯罪의 높은 비율을 신병이 점하고 있는 것이다.

2. 靑少年의 주된 非行과 軍犯罪

가. 家出

靑少年들은 자기 가치와 맞지 않는 旣成価値와 制度, 慣習을 강요당할 때 자유로운 行動을 하고자 먼저 心理的 離脱을 自行하게 되며 家庭이나 學校의 단조롭고 평범한 生活에 싫증을 느낀 나머지 마음을 강하게 자극할 경험을 바라면서 家出을 行하는 것이다. 이러한 入隊前 家出経験이 많은 사람이 軍에서도 순조로운 적응이 어려워서 일시 이탈했다가 처벌이 두려워 영영 귀대치 못하는 경우가 많다. 이는 의지가 약하여 環境変化에 적응치 못한 데에 그 原因이 있다.[20]

나. 暴行

靑少年은 身体的 發達期에 있기 때문에 兒童期처럼 싸우는 횟수는 적어도 그 양상은 점차 暴惡해진다. 그 결과 상대방에게 상처를 입히기도 하고 때로는 殺人에 이르게도 한다. 따라서 軍에서 발생하는 犯罪行爲 中 暴行과 强力事故가 많이 발생하는 이유도 이와 같은 靑少年 心理에 기인한다고 할 수 있다.

---

20) 陸軍本務(팸플릿 190-33) 前掲書, p.40.

다. 自殺

"人間이 죽음을 초래할 것이라는 사실을 알면서도 그 人間의 적극적 또는 소극적인 行爲로부터 直接, 間接으로 생기는 모든 경우의 죽음을 뜻한다. 즉 인간이 고의적으로 또는 자발적으로 자기의 生을 단념하는 行爲가 곧 자살이다"라고 프랑스의 社會學者 에밀뒬껭은 定義하였다. 특히 靑少年들은 자아욕구의 좌절로 인한 불안감, 소외, 자아상실, 고립감 등으로 正常的인 생각과 판단을 상실함으로써 발생되는데, 따라서 군에서도 자살자가 많이 발생되는 것은 이와 같은 靑少年의 心理를 대변하고 있는 것[21]이라고 볼 수 있다.

지금까지 군의 특징 및 군대사회의 청년심리, 청소년 비행과 군범죄와의 관계에 대해서 알아보았다. 본 논문의 핵심은 바로 이러한 관계를 도출해 내어 군에 유입된 장정들을 국가와 국민이 원하고 유사시 전투요원으로 활용할 수 있는 훌륭한 병사를 육성하기 위함이다. 사실 兵員관리는 과거에 비해 훨씬 더 어려워졌다. 예컨대 "매일 세 쌍이 결혼하고 한 쌍이 이혼한다"는 말에서 알 수 있듯이 결손가정은 늘어나고 IMF 이후 빈부의 격차는 날로 심해지고 있으며 가정이나 학교에서는 '인성교육'의 역할이 줄어듦으로써 비행청소년이 증가하고 있어 이들이 군에 유입될 때 병영 내 간부들의 역할이 상대적으로 더 필요해진 것이 오늘날의 현실이다.

---

21) 陸軍本部(팜플렛 190-33) 前揭書, p.40

第4章

軍犯罪의 實態分析

軍 戰鬪力의 핵심요소인 병사들의 犯罪行爲는 전투력의 손실뿐 아니라 部隊의 士氣를 저하시킴으로써 결과적으로 軍 戰鬪力을 약화시키는 커다란 장애요인이 되고 있다. 軍 入隊前 靑少年 年齡層이 軍入隊의 年齡層과 연계관계에 있고 社會의 모든 현상에 노출된 인원이 그대로 軍隊에 入隊하기 때문에 軍犯罪는 靑少年犯罪와의 밀접한 관련이 있을 것으로 보인다. 軍犯罪 역시 個人的 要因과 部隊 環境的 要因으로 나눌 수 있겠는데, 個人的 要因으로는 신병비관, 성격이상, 음주, 이성교제 등과 싸움에서 빚어지며, 部隊 環境的 要因으로 복무염증, 처벌우려, 사적 제재, 고참병 횡포, 내무반 부조리, 지휘결핍 등에 의해 유발된다고 할 수 있겠다.

1. 軍犯罪의 量的 考察

최근 우리 陸軍의 犯罪實態는 <표 13>에서 보는 바와 같이 매년 7,000여 건이 넘게 발생하고 있으며 표에서 보는 바와 같이 1995년도의 8,928件이 발생 후 매년 조금씩 줄어드는 경향을 보이고 있다. 이와 같은 것은 군범죄에 대한 각급 지휘관들의 관심집중과 犯罪予防에 대한 제반대책이 어느 정도 실효를 거둔 결과라 할 수 있겠다. 그러나 重視할 것은 현역병의 犯罪가 '98년도보다 '99년도에 증가한 사항으로 최근 인터넷범죄 등 새천년을 맞이한 현 시대적 사회환경 변화에 따른 신세대 장병들의 욕구분출로 판단되는바 각종범죄 및 사고로부터 군을 보호하고 국민으로부터 신뢰받는 강력한 선진육군 육성에 기여하는 창의적인 현장 위주의 예방활동을 적극 전개해야 될 것이다.

〈표 13〉 年度別 陸軍犯罪

(단위: 건)

구 분	연 도	'95	'96	'97	'98	'99
발 생 건	계	8,928	7,654	7,532	7,206	7,251
	현역	6,352	6,570	6,343	6,042	6,097
	상근예비역	2,576	1,084	1,189	1,164	1,154

*資料: 陸軍本部, '99 사고분석, 2000, p.7.

2. 軍犯罪의 質的 考察

軍犯罪에 대한 具体的인 質的(類型別) 動向을 고찰해 보면 <표 14>와 같다.

<표 14> 軍犯罪의 質的 動向

구 분 \ 유 형		계	軍務離脱	暴行	自殺	銃器强力	총기분실	軍用物	기타
계	'98	5,759	1,569	1,810	75	13	4	568	1,720
	'99	5,764	1,404	2,035	84	3	3	485	1,750
	%	+2	−11	+12	+12	−77	−25	−15	+2
현역	'98	4,804	1,361	1,470	68	13	4	401	1,487
	'99	4,829	1,198	1,652	79	3	3	337	1,557
	%	+3	−12	+12	+16	−77	−25	−16	+5
상근역	'98	955	208	340	7	·	·	167	233
	'99	935	206	383	5	·	·	148	193
	%	−5	−1	+13	−29			−11	−17

*資料: 陸軍本部, '99 事故分析, 2000, p.36.

<표 14>에서 보는 바와 같이 軍紀事故 類型 中에서 폭행이 '98年度에는 1,470건이 발생하였고, '99年度에는 1,652件이 발생하여 가장 높은 비율을 차지하고, 특히 자살사고가 현역인 경우 '98年 代比 16%가 증가했음을 볼 때 軍犯罪의 양상도 靑少年범죄의 양상과 동일하게 폭행, 자살, 교통사고가 높은 경향을 보이고 있다.

가. 軍務離脫

軍務離脫이란? 軍刑法 제30조에 "軍務를 기피할 目的으로 部隊 또는 직무를 離脫한 者로서 정당한 事由 없이 상당한 기간 내에 복귀하지 아니한 者"를 軍務離脱犯으로 규정하며 軍務離脱은 軍의 결원을 초래함으로써 軍 조직을 파괴하고 나아가서는 軍 全体의 존립에 害惡을 가져오는 犯罪로서 통상 他犯罪를 수반하는 경우가 많음을 特性으로 하고 있다.[22]

軍務離脫의 問題는 軍 組織內의 각종 모순이나 社會的, 経濟的, 不安 등 外部的 要因에서 유래되는 경우가 많고, 이와 같은 軍務離脫은 組織集団 凝集力을 弱化시키고 士氣를 저하시키므로, 이에 대한 軍幹部들의 노력이 더욱 요구된다. 이와 같은 軍務離脫이 陸軍犯罪 中 가장 높은 비율을 차지하고 있으며, 현역이 상근역에 비하여 점차 증가하는 현상을 보이고 있음을 알 수 있는데, 그 原因을 分析해 보면 <표 15>에서 보는 바와 같이 복무에 대한 염증이 全体의 62.3%로서 인내력이 부족한 靑少年의 精神狀態를 알 수 있으며 가정사정과 처벌우려가 높은 점유율을 나타내고 있다.

나. 暴行

暴行이란 暴力을 가하여 傷害를 입힌 경우는 물론이고 단순히 폭행을 한 경우도 포함되는데, 특히 폭행, 즉 구타는 人間의 身体 및 自尊心을 손상케 함으로써 곧바로 銃器 强力事故나 자살사고를 유발케 하는 경우가 많다. 특히 家庭에서 순진하게 자란 靑少年들은 入隊前 生活은 자유분방했고, 그들의 생각 또한 自己中心的 世界에서 살아온 価値観이 며칠 사이에 변화할 수 없는 상황 하에서 상급자로부터 폭행을 당하게 됨은 견디기 어려운 경우가 많을 것으로 생각된다. 따라서 '99년도의 陸軍犯罪 中 軍務離脫 다음으로 많은 28.3%인 2,035件이 발생했다(<표 14> 참조).

暴行事故로 인한 人命被害가 상당히 많고 이로 인한 對民不信 風潮가 만연될 수 있으며, 軍 조직의 士氣를 현저히 저하시키기 때문에

---

22) 陸軍綜合行政学校. 軍法. 1999. p.32.

부단한 精神敎育 강화와 화목한 軍隊家庭의 육성이 절실하다고 하겠다. 또한 폭행도구를 보면 주로 주먹과 발길질로 인한 사고가 全体의 1,510件으로서 74%를 차지하기 때문에 주먹과 발길질은 상대로 하여금 自尊心을 상하게 하는 주된 原因을 알 수 있겠다.

〈표 15〉 군무이탈의 행동원인별 현황

구 분		계	복무 염증	처벌 우려	사적 제재	고참 횡포	가정 사정	여자 관계	신병 고민	향수	기타
계	인원	1,404	875	152	33	27	140	101	32	18	26
	%	100	62.3	10.8	2.4	1.9	10	7.2	2.3	1.3	1.9
현역	인원	1,198	773	110	33	27	100	90	27	17	21
	%	100	64.5	9.2	2.4	1.9	8.3	7.5	2.3	1.4	1.8
상근역	인원	206	102	42	·	·	40	11	5	1	5
	%	100	49.5	20.4	·	·	19.4	5.3	2.4	0.5	2.4

*資料: 陸軍本部, '99事故分析, 2000, p.186.

다. 强力事故

强力事故란 폭행치사, 銃器軍脫, 人質亂動 등을 포함하는 개념으로 군에서의 銃器에 의한 强力事故는 人員의 非戰鬪 손실뿐 아니라 社會的 물의를 일으켜 對軍 不信의 원인이 되고 있다. 특히 社會 靑少年犯罪가 군에 유입되어 어떤 형태의 범죄양상으로 발전되는가를 살펴보면[23] 靑少年범죄의 변천과정에서 절도의 주종을 이룬 60년대에는 軍에서도 軍用物 및 經濟事犯이 주종을 이루었고, 70년대의 前半期에는 靑少年犯罪가 强暴化, 凶惡化 現狀으로 바뀌자 70년대 후반부터 軍犯罪도 强暴, 凶惡化로 변모하여 흉기를 휴대하고 軍脫後에 호텔, 고고

---

23) 陸軍本部, 팸플릿 190-26, 前掲書, p.33.

홀, 다방 등을 기습하여 민간인을 대상으로 殺人亂動을 부리기도 하고 동료 또는 상급자의 제재에 반발하여 銃器로 亂射, 自殺 등 흉악한 事故를 서슴없이 자행한 양상이었다. 최근 5개년 동안의 强力事故에 의한 犯罪件數는 한 해 평균 10건 정도가 發生하고 있음을 알 수 있다 (<표 16> 참조).

<표 16> 年度別 强力事故 現況

(단위: 건)

구분 \ 연도	'95	'96	'97	'98	'99
계	14	10	8	12	4
폭행치사	2	1	1	2	2
총기군탈	12	9	7	10	2

*資料: 陸軍本部, '99 事故分析, 2000, p.97.

라. 自殺

一般的으로 社會的 規範으로부터의 脫線行爲는 社會에 대한 공격과 반발이라는 反社會的인 行動과 그것으로부터의 도피라는 非社會的인 行動으로 나눈다.[24] 이런 脫線行爲 中 自殺(suicide)은 "自己 스스로를 죽이는 行爲,"[25] 즉 "自殺이란 自發的, 意圖的으로 自己의 生命을 끊는 行爲"라고 말할 수 있다. 그러므로 自殺은 現實로부터 도피라는 非社會的 行動의 典型的인 것이며 個人의 生理的, 心理的, 社會的, 文化的要因에 의한 退行行動이 되는 것이다.

특히 軍 集團에서의 自殺行爲는 兵力의 결원을 초래하며 部隊員들

---

24) 金泳謨, 現代社會問題論(서울: 韓国福祉政策硏究所, 1991), p.257.

25) 安載禎, 前揭書, p.98.

의 士氣低下 등, 나아가 陸軍 全体에 害惡을 끼치므로 軍에서 특히 관심을 가져야 할 것이다. 최근 5년간의 陸軍에서 自殺은 '95년을 최고 기점으로 매년 줄어들고 있지만, 매년 80명이 넘는 人員이 自殺로 (<표 17> 참조) 生을 포기하는 行動은 靑少年의 약한 의지력을 반영하는 것과 같다고 하겠다.

〈표 17〉 年度別 自殺事故 現況

구 분 \ 연 도	'95	'96	'97	'98	'99
계	85	81	77	75	84
현역	64	77	70	68	79
상근역	21	4	7	7	5

*資料: 陸軍本部, '99 事故分析, 2000, p.207.

第5章

靑少年非行과 군범죄의 改善方案

지금까지 살펴본 바와 같이 靑少年 후반기의 犯罪는 갈수록 우리 社會에 심각성을 크게 할 것으로 생각되고 있고 이들이 곧바로 군에 유입되어 옴으로써 군범죄에 지대한 영향을 미쳐 국민의 정신적·육체적 교육의 장이 되어야 하는 군대 내 병영질서를 파괴함은 물론, 가정과 국가의 큰 문제점을 야기하고 있다. 우리는 이러한 청년들을 전역 후 사회의 주역이 되는 국가의 동량으로 성장시켜야 하므로 청소년 후반기의 특징과 비행원인을 잘 분석하여 선도하고 교육시켜 국민의 군대이며 군대가 국민교육의 교장임을 입증시켜야 할 것이다.

따라서, 본 章에서는 지금까지 도출된 問題点들을 중심으로 家庭, 學校, 社會, 軍 生活에서의 改善方案을 제시하고, 특히 軍犯罪의 증가에 대한 軍隊에서의 적절하고도 效果的인 對策을 수립하고자 한다.

第1節 家庭, 學校, 地域社會, 政策側面에서의 改善方案

1. 家庭에서의 改善方案

페스탈로치는 "家庭은 작은 天國이다"라고 했다. 家庭은 한 人間이 出生하면서 最初로 가지는 인간 접촉장소이며 社會組織上 가장 기본적인 社會集団이다. 모든 사람들은 家庭을 1차적 매개체로 하여 社會生活의 基本的인 生活習慣이나 行動基準 그리고 가치판단의 척도를 서서히 습득하게 된다. 우리 俗談 "세 살 버릇 여든까지 간다."처럼 家庭에서의 生活習慣이 靑少年들의 性格形成과 건전한 社會人으로서의 成長에 決定的 影響을 주는 장소임에는 틀림이 없다.

그리하여 聖経은 "자식을 키울 때 主의 教養과 訓戒로 양육하고,[26] 마땅히 행할 길을 아이에게 가르치라, 그리하면 늙어도 그것을 떠나지 아니하리라."[27] 하는 教訓을 우리에게 주고 있는 것이다.

따라서 靑少年들이 家庭에서 이탈하지 않도록 하기 위하여 아래와 같은 점에 유의해야 할 것이다.

가. 伝統的 価値意識을 부모 스스로 가지자.

"윗물이 맑아야 아랫물이 맑다"고 하는 俗談처럼 家庭教育은 부모 스스로 가정에 좋은 전통을 유지하도록 솔선수범해야 한다. 일관성

---

26) 신약성경, 에베소서, 6장 4절.
27) 구약성경, 잠언, 22장 6절.

있는 父母行動은 자녀들의 발달에 적응하는 상태로 변화시키는 것이고 가족 내의 규범과 목표가 그것을 이끌어 나간다.[28] 그러나 오늘날과 같은 社會変化 과정에 있어서는 価値觀의 혼란이 심하여 価値觀의 갈등을 심하게 받고 있다. 더욱이 매스컴의 影響力은 직접적으로 靑少年들을 혼란하게 하고, 家庭教育의 당사자인 부모의 권위나 자신마저도 상실케 하고 약화시키고 있는 것이다.

오늘날 都市化와 産業化에 따라 가족구조가 변화되어 가고 있지만, 아직도 우리 家庭에는 祖上崇拜 등 伝統的인 価値意識이 남아 있다. 그리고 오늘날 우리나라의 부모의 태도는 점차 민주적으로 변해 가고 있으나 그들 자녀에 대한 實際 行動에 있어서는 더 엄해지고 더 무거운 벌도 있어서 부모, 자녀 간의 친밀도가 보다 악화되어 가고 있다.

그리고 教育方法은 그들 부모의 교육방법을 크게 모방하고 추종하고 있어서 자기 2세에게 주는 교육방법에도 상당한 影響을 주고 있다고 한다. 따라서 이제는 부모 스스로 전통적으로 우리 社會에 좋은 影響을 주었던 価値意識들, 즉 웃어른 공경, 이웃 간의 協同과 보살핌, 兄弟間의 友愛, 孝道思想 등을 실천함으로써 자라나는 靑少年에게 좋은 유산이 될 것이다.

나. 조화의 원리이다.

教育은 매만 가지고 되는 것도 아니요, 사랑만으로도 안 된다. 오직 의를 대표하는 어머니와의 조화 가운데서 참된 教育이 이뤄진다. 그러므로 부모는 道德教育을 目標로 하고 참된 감정으로 도덕적인

---

28) 黃德煥, "家庭教育이 靑少年犯罪에 미치는 影響", 법무연구 第15号, 1988.

정서를 환기시키고 올바르고 착한 일을 위해, 자기 자신을 극복하도록 노력시키는 도덕적인 훈련의 기회를 줄 것이며 靑少年들의 생활과 환경 속에 얽힌 정의관계, 도덕의 관계를 사색하게 하도록 해야 할 것이다. 美國의 精神科 의사인 토마스 해리스는 부모에게 일관성 없는 行動을 하지 말 것을 다음과 같이 경고하고 있다.[29] 부모들이 자녀들에게 "거짓말하지 마라"라고 말했는데, 부모가 거짓말하는 것을 자녀가 듣는다면 그것은 자녀로 하여금 혼동과 두려움을 자아내며, 자녀는 그 불일치를 제거하려고 애를 쓴다는 것이다. 수학공식으로 설명하면 다음과 같다. "양수(+)에 음수를 곱하면 음수(-)가 된다. 양수가 얼마나 크든지 음수(-)가 얼마나 작든지 상관이 없다. 그것이 나중에 미치는 影響은 반대감정의 양립과 부조화와 절망뿐이다."

다. 愛情的 家庭敎育이 필요하다.

과거의 家庭敎育은 父母의 權威를 배경으로 하고 이에 따라서 자녀에게 奉仕를 강요한 것이었다. 그러나 오늘날 자녀를 중심으로 생각하는 敎化育成의 方法이 問題로 되고 있어서 愛情的 人間關係가 그 基本的인 것으로 강조되고 있다. 또한 靑少年기에는 여러 가지 反社會的인 태도를 나타내는 시기가 있는데, 이때에 부모의 애정이 결여되어 있으면 反社會的인 犯罪化의 問題가 일어난다. 그렇지만 너무 과잉보호적인 애정은 自己中心的이고 과장된 자기 존중에 빠지게 되기도 하므로 조심해야 한다.

家庭敎育은 靑少年을 社會의 성원으로 적응시키기 위한 의도적 노

---

29) Thomas Harris, I'M OK-You're OK(New York: Avon Books, 1973), pp.43~44.

력의 반복이며, 그 내용은 연령, 성별, 성격 등에 따라서 달라져야 하고 때에 따라서는 엄격하기도 하고 관대하기도 해야 한다. 그러나 그 지도에 있어서는 일관성이 있어야 하며, 그 근본적인 태도는 애정을 바탕으로 한 일관성이어야 한다.

現代家族은 家庭內에 제각기 다른 지위가 있고 거기에 상당하는 역할이 부여되고 있음은 말할 필요도 없다. 그러나 다만 기대되는 역할과 실행의 사이에는 差가 없게 여러 상황에 알맞도록 질서가 유지되는 것이 또한 요건이며, 이때에도 애정이 그 기초가 되어야 하는 것이다.

家庭이 不和해서 愛情的인 安定性을 잃거나 言動에 一貫性이 없거나 별거, 가출 등은 靑少年의 犯罪化의 요인이라는 사실에 주의해야 할 필요가 있다. 또한 일부 부유층에서는 부모들이 각기 家庭이나 子女問題보다도 社會的, 영리적 혹은 향락적인 면에 도취되어 자녀들의 양육보호에 무관심하며 때로는 도우미에게 자녀의 전부를 위탁하는 경향이 있다.

이러한 家庭의 자녀는 자연히 家庭의 저질적 습관과 생활양식 및 취미를 모방하게 되며, 반면 도우미의 낮은 신분을 경멸하여 조롱할 뿐만 아니라 이것이 습관이 되어 年長者에 대한 존엄성을 부인하게 될 것이다. 부모들은 자녀에 대한 무책임을 경제적 측면으로 해결하려고 한다. 그러므로 자녀들은 어려서부터 거친 성격과 진실이 없는 形式的으로 行動하는 나쁜 버릇이 생겨 참된 人間性을 나타내지 못하는 사람으로 성장하기 쉽다. 따라서 부모들이 子女敎育에 대한 방임적 무관심과 물질적으로 사랑을 대신할 수 있다는 생각을 버려야 한다.

라. 자녀들이 **自己家庭**에 대하여 긍지를 가질 수 있도록 하자.

자녀들이 긍지를 가질 수 있는 가정이란 부모의 높은 신분이나 풍부한 經濟力이 아니며 家族 間의 人間的인 유대가 이뤄져야 하는데, 즉 자녀는 부모로부터 인정받고 있다는 확신을 줄 때 이뤄질 수 있다. 매주 일정한 시간 또는 일정한 날은 가족과 한데 모여 어울리는 즐거운 시간을 갖도록 부모들이 家庭機能을 一貫性 있게 유지할 때 어린 靑少年들은 家庭에 대한 기쁨과 긍지를 갖게 되어 자신들의 고민을 부모와 대화로 풀 수 있는 가족이 될 것이다. 그러기 위해서는 아버지는 밖에서 빼앗기는 時間을 最小로 하고 가족과 함께 충분한 시간을 가짐으로써 家庭을 中心으로 共同의 問題를 해결하고 서로 아끼는 가족이 되어 긍지를 갖게 될 것이다.

마. **家庭이 첫 번째 学校이다.**

우리나라에서는 많은 부모들의 생각이 學校에서 모든 家庭敎育, 學校敎育 심지어 社會敎育의 역할을 요구하는 것이다. 그러나 學校가 家庭일 수 없고 社會일 수 없는 것은 어쩔 수 없는 운명에서 學校敎育이 家庭敎育을 보완할 수는 있어도 家庭敎育을 대행할 수는 없음에도 불구하고 우리 家庭敎育의 결여로 인한 靑少年들의 離脫行爲나 社會, 文化的 不適応 行動까지도 學校敎育의 책임으로 돌리는 버릇에 익숙해 왔다.

우리 家庭敎育에서 당연히 맡아야 할 性質의 敎育的 問題들이 이렇게 學校敎育에 대한 압력으로 나타나게 되면서 學校敎師들의 자질과 인품 등에 대하여서도 비난을 쏟게 마련이다.

따라서 우리의 부모들은 家庭이 제일 첫 번째 學校임을 認識하여 家庭에서의 共同生活의 原理, 질서들을 관심 있게 가르치며 習慣化되도록 꾸준한 指導가 필요하겠다.

2. 學校生活에서의 改善方案

家庭 다음으로 人格形成의 2次集団의 代表的인 機關이 學校이며, 學校는 모든 國民으로 하여금 人格을 完成하고 自主的 生活能力과 公民으로서의 자질을 보유케 하여 民主國家 發展에 奉仕하며 人類共營의 이상현실에 기여함을 목적으로 하며[30] 學校敎育이라는 수단을 통해 다음과 같은 것을 길러 준다.[31]

가. 개인이 가지고 있는 잠재적인 가능성을 계발하여 인류, 문명, 社會에 공헌케 하고 동시에 그 개인의 우주적, 인류적 실존의 의미를 충족케 하며

나. 人類文化의 전수를 위한 社會化(socialization)를 꾀하여 현재와 과거의 人類歷史를 영속케 하려는 기능을 담당하며, 이와 같은 기능을 하는 學校機關이 靑少年에게 갖는 의미는 또한 크다고 볼 수 있다.

특히 우리나라 靑少年들은 靑少年期의 대부분을 學校環境 속에서 보내게 된다. 따라서 學校環境 속에서 보내는 시간이 많을수록 靑少年들은 敎育的 経験을 많이 할 것이라는 고정관념이 생길 수도 있다. 그리고 우리나라는 적어도 지난 40년 동안 學校敎育이 변천해 온 역

---

30) 大韓民国教育法, 第1條.
31) 咸鐘漢, 靑少年(서울: 尙潮社, 1998), p.125.

사를 볼 때 분명 이러한 고정관념 밑에서 學校教育이 강화되어 왔다고 말할 수 있다. 그동안 대부분의 靑少年들에게 學校教育을 강화해 온 결과로 각 분야에서의 놀라운 성장과 발전을 이룩해 온 것이라는 논리를 전개할 수 있고, 높은 教育熱 ⇨ 學校教育의 强化 ⇨ 國力伸張이라는 式의 論理的 固定概念을 지녀온 듯하다.

그 결과로 오늘날 우리나라 靑少年들의 생활은 時間的으로나 空間的으로 거의 대부분을 學校教育에 의해 규제받게 됨으로써 相對的으로 家庭生活이나 社會生活, 친구들과의 社交生活 등은 學校생활에 쫓기는 靑少年들에게는 거의 낯선 경험처럼 되어 버렸고, 일생 동안 살아갈 삶의 환경에 대해서 아무런 實質的 経驗도 연습도 못한 채로 靑少年期를 보내는 실정이다. 그래서 오늘날 大學生들은 입으로 많은 것을 알고 있는 듯이 말하고, 많은 생각을 할 줄 아는 것처럼 보이려 애쓰지만 거의 대부분이 어처구니없는 유치한 行動에 쉽사리 휩쓸리며 마치 꼭두각시처럼 조종당하면서 이리저리 集団으로 몰려다닌다. 따라서 앞에서 밝힌 바와 같이 靑少年犯罪, 그중에서도 10대 후반, 20대 초반들의 포악해진 강력범의 급증도 그들의 성장과정에서 경험한 환경과의 관계에 원인이 있는 것이다.

3. 地域社會 環境的 측면에서의 改善方案

靑少年들의 또 하나의 教育의 場所는 地域社會이다. 靑少年들은 家庭과 學校의 울타리 속에 보호된 構成員으로만 생각해서는 안 되며, 그들은 成人社會와도 直間接으로 접촉하고 있다. 靑少年들은 成人 集団으로부터 떨어져 있거나 격리되어 있지 않고 바로 成人과 같이 社會構成員으로서 역할을 하고 고민하며 함께 존재한다. 그런데 오늘날 성인을 중심으로 한 우리 社會는 學習의 場이라기보다는 非敎育的인 모습으로 적지 않게 오염되어 있다. 따라서 靑少年들은 그 社會모습에서 얻고 잃는 의식적 과정을 거치고 있어 사회적 제반 병리적 현상을 그대로 반영하고 있을 뿐이다. 그러므로 靑少年의 健全育成은 우리 地域社會가 家庭 못지않게 敎育의 場으로 전환하는 데 있다고 보며, 이를 위한 몇 가지 제안을 하고자 한다.

가. 社会的 非敎育的인 有害環境을 浄化

감수성이 예민한 靑少年들은 社會環境의 影響을 크게 받는다. 특히 성인들을 위한 각종 유흥업소, 공연장, 관광업소 등은 靑少年들로 하여금 불건전한 심리를 자극할 수 있으며, 犯罪行爲와 不良한 行爲를 하게 하는 결과를 가져온다. 이와 같은 非敎育的 環境을 정비하는 것은 물론 靑少年들에게 부당하게 營業行爲를 하는 업자들을 철저히 단속, 처벌하고 또한 이들을 계도해서 靑少年들을 선도하도록 하는 적극적인 정책이 수립되어야 할 것으로 본다.

나. 靑少年들을 위한 餘仮施設을 확충

우리의 社會環境은 靑少年들에게 有害環境으로 그대로 노출되어 있고 靑少年들이 여가를 건전하게 보낼 수 있는 장소가 매우 부족한 현실이다. 성인들을 위한 유흥과 오락시설은 날로 증가하고 있지만 靑少年들을 위한 시설은 제자리 걸음상태이다. 우리의 社會는 여러 면에서 일찍 경험치 못한 심한 변화를 겪고 있으며, 그 같은 변화 때문에 靑少年들은 심한 욕구불만에 빠지고 있다. 이와 같은 심한 욕구불만이 건전하게 소화될 수 있는 각종 靑少年 위락시설이 시급히 마련해야 할 것이며, 地域社會에 靑少年 호기심을 살리고 낭만을 배우고 만족스러운 집단 오락을 경험할 수 있는 시설을 설치하고 그곳에 교양강좌, 스포츠 센터, 전시실 등을 운영하는 것이 좋겠다.

다. 既成世代의 올바른 價値観 定立

"콩 심은 데 콩 나고 팥 심은 데 팥이 난다"라는 俗談에서와 같이 有害社會에서 자라난 靑少年은 有害한 既成人이 될 수밖에 없다. 靑少年들의 눈에 비치는 成人社會의 모습은 퇴폐와 무절제의 광장이 전개되고, 기성인들은 부정과 불의를 일삼으면서 靑少年들에게는 듣지도 보지도 가지도 말라고 강요할 때 그들의 마음속에는 불신과 반항의식이 싹튼다. 특히 기성세대의 퇴폐행위는 극에 달하여 高校生, 大學生을 호스트바로, 여성전용술집 종업원으로 종사케 하는 營業行爲나 10代 女性들을 인신매매하여 술집과 요정 등에 강제로 팔아넘기는 行爲, 원조교제 등이 우리 社會에 독버섯처럼 존재한다. 이처럼 일부 몰지각한 기성인들이 靑少年들을 이용하는 부도덕한 商行爲는 반드시 근절되어야 할 問題이며, 既成人들은 깊이 자각해야 할 것이다.

라. 大衆媒体의 浄化

현재 우리社會의 大衆媒体는 날로 더욱 발전하고 보급의 속도도 더해가고 있어 감히 '매스컴의 시대'라고 할 수 있으며 거기에다가 現代人은 余暇時間을 향유하게 되어 余暇時間 中 접촉하는 이들 大衆媒体로부터 엄청난 影響을 받고 있다. 따라서 오늘날 大衆媒体를 떠난 靑少年의 生活은 생각할 수 없는 것이다. 이러한 大衆媒体의 諸

手段은 적극적으로 靑少年들에게 기여하는 順機能 외에 때로는 그 人格形成 및 行動樣式에 不良한 影響을 미치므로 非行問題를 야기하는 한 요인으로 작용하고 있음을 부인하기 어렵다. 각 대중매체 간의 경제적 격류 속에서 대중매체는 광고수입의 증대 등의 극단적인 상업주의에 빠지므로, 그 결과 선정적인 자극은 감수성이 예민한 靑少年들에게 나쁜 影響을 끼치고 있다.

인터넷을 포함한 매스 미디어 속의 犯罪的, 暴力的 內容들이 이른바 犯罪學校일 수 있고 또한 방아쇠 효과를 가져올 수 있다. 여기서 大衆媒体가 靑少年들에게 주는 逆機能은 다음과 같다.

1) 大衆媒体는 비행장면을 너무 노골적으로 묘사함으로써 거기서 非行手法을 배워 非行行爲를 자행케 하고 있다.

2) 大衆媒体는 영화 등 오락물과 함께 다른 사람들의 화려하고 사치스런 생활양식을 공개적으로 널리 소개하는 동안에 많은 사람들에게 욕구불만감 등을 증대케 하고, 이로 인한 불만계층의 靑少年들에게 非行性을 조장할 수 있다.

3) 텔레비전 시청이 잘못되었을 때는
   가) 폭력, 犯罪 등의 영화나 드라마에서 非行行爲의 모방 가능성이 많고
   나) 가족 구성원 간의 대화시간이 줄고
   다) 정서불안이 생기고
   라) 사치성, 쾌락성, 소비지향성의 형성 가능성이 많고
   마) 유치하고 저속적인 언어 환경에 오염요인이 되고
   바) 지나친 商業的 商品化 등에 의한 가치혼란을 가져오게 된다.

이와 같은 매스매디어의 逆機能을 最小化하기 위해서는

1) 매스컴 종사자들이 青少年 건전 육성에 대한 理念과 哲學을 갖
   도록 再教育을 해야 한다.
2) 방송국이나 방송위원회에 青少年問題 전담 자문위원실을 설치
   할 필요가 있다. 이 위원실로 하여금 青少年문제의 해결을 위한
   프로그램 제작 및 방영되는 프로그램을 심사하게 하며
3) 방송은 青少年問題를 國家 安保的 側面에서 접근하려는 노력을
   전개하여야 할 것이며, 건전한 青少年文化를 形成하는 데 기여
   한다든가 하는 다양한 방식을 전개할 수 있을 것이다.
4) TV의 선정적, 폭력적 내용 등의 성인용의 드라마나 영화는 방영
   횟수를 줄여야 한다.

마. 地域單位 相談所 設置 運営

青少年들이 언제라도 와서 어떤 問題든지 의논을 하고 도움을 받
을 수 있는 地域單位의 青少年 相談所가 필요하며 여기서는 전문적
인 카운슬러가 상주하여 相談學生을 상담하며, 그 地域의 青少年들을
現場指導하는 역할도 담당하도록 하는 것이 좋겠다. 이러한 상담소는
그 地域의 學校나 宗教団体 등이 주도하도록 하면 가능할 것이다.

4. 國家 制度的(政策) 측면에서의 改善方案

한 나라의 장래는 그 나라의 젊은이들에게 달려 있다. 國家的으로
당면한 과제의 해결 못지않게 국가 백년대계로서의 青少年問題가 重
要視되지 않으면 안 되는 이유가 바로 여기에 있다. 青少年이 올바로

성장하여 國家 社會발전에 기여할 수 있도록 國家의 積極的이며 지속적인 시책이 강구되어야 할 것이다.

가. 과감한 예산투자

靑少年들의 욕구와 열망을 적절히 수용하여 그들의 왕성한 에너지를 창조적으로 이끌어 갈 수 있는 여건을 조성해야 한다. 즉 靑少年들이 직접 참여할 수 있는 놀이광장, 문화광장 등의 시설을 확보하기 위해 정부 예산을 과감하게 투자하여 靑少年들이 건전하게 갈 만한 곳을 많이 만들어야 하며, 民間企業에서 관심을 갖고 투자 시에 稅制上의 특혜나 금융지원을 과감하게 함으로써 民間資本을 靑少年施設에 투자토록 하는 것도 좋을 것이다.

나. 健全한 文化育成

靑少年期의 特性上 不安定性, 旣成世代 文化에 대한 모방성, 그리고 강한 비판성향을 가지고 있는 靑少年들에게 바람직한 行動樣式과 思考方式을 부여키 위해 韓國의 문화적 전통을 바탕으로 한 건전한 靑少年 문화의 육성이 시급하며 靑少年 각자의 특기 및 자질을 신장시키는 방안이 모색되어야 한다. 그러기 위해서는 1) 靑少年文芸 프로그램을 개발하고, 2) 권위 있는 靑少年 文化賞 등을 제정하며, 3) 靑少年 文化空間을 확충시켜야 한다.

다. 學校 敎育制度 改編

현행 學校 敎育은 지식전달의 기능만을 유지하기 때문에 家庭과 學校에서 소수의 학업성적 우수자만을 우대하기에 대부분의 學生은 열등감과 좌절감으로 自己開發 의욕이 위축되고 있으며, 과밀학급 및 과대學校는 동료의식을 바탕으로 한 건전한 시민의식 개발이 어렵고 問題學生으로 처벌받은 學生은 非行에의 가능성이 높고 여타 學生에게 惡影響을 끼칠 우려가 많다. 또한 최근에 발표된 제7차 교육과정에서 거론되고 이슈화되고 있는 중학교 수준별 수업의 도입과 학생 선택권 확대, 재량활동 시간도입 등을 정착시키기 위해서는

  1) 教育制度를 학생, 교사, 학부모가 공감을 갖도록 合理的으로 개선하고
  2) 學校의 相談機能을 활성화하며
  3) 개성과 자질을 신장시키는 教育을 해야 한다.

라. 青少年 有害環境을 改善

1999년 발생한 인천 호프집 화재사건에서도 보았듯이, 青少年 有害業所가 青少年에게 미치는 피해가 심각할 뿐 아니라 社會經濟의 發展에 따라 業所의 數도 증가하여 그 피해의 양상도 더욱 심화될 전망이므로 이들에 대한 지속적인 淨化가 필요하고 방송, 출판, 공연물 등 大衆媒体, 특히 텔레비전의 보급률 증가에 따라 이것들이 青少年 情緖에 미치는 影響이 크므로 大衆媒体의 內容改善이 시급하다. 青少年 有害業所를 근절시키는 어렵겠지만 다음과 같은 改善策을 제시하고자 한다.

  1) 검찰중심의 단속체계를 유지하여 정기적, 지속적 단속을 실시하며
  2) 업종별 자율지도반을 구성하여 정화 추진
  3) 업소 종사자들의 定期的 教育을 實施
  4) 大衆媒体의 青少年 先導委員會의 機能을 強化
  5) 사이버범죄 단절을 위한 조직운영의 활성화가 요망된다.

마. 非行青少年의 先導 教正 機能強化

현재 우리나라의 경우는 非行少年 교정여건이 취약하다. 소년 교도소의 경우 수용인원의 증가에 비해 장비 및 훈련교사가 부족하며, 소년원의 경우 교도직 공무원의 학력도 낮아서 非行青少年들을 선도하기에는 자질이 부족한 실정이다. 따라서 이들을 선도할 수 있는 교정 강화방법으로

1) 宗敎界 人士, 社會事業家 등을 선도위원으로 위촉하여 적극적으로 활용하도록 하고
2) 소년원에서의 기능별 敎育課程을 강화하여 일정한 學歷水準을 인정해 주고
3) 이들에 대한 추가적 배려 정책을 도입한다.

바. 勤勞青少年의 보호

근로青少年은 전체 青少年의 17%인 200여만 명에 달하며, 이들의 절반 이상이 고졸 이하의 학력 소지자이고 이들의 대부분은 자취나 사글세 등으로 거주환경이 불량하며, 대부분 무기능 단순공으로 저학력에 기인한 열등의식을 갖고 있다. 따라서 이들은 취업이 어렵고 소외감, 열등감으로 비행을 저지를 우려가 많다. 이들에 대한 개선책으로서

1) 근로青少年 복지시설의 확충(정부 및 민간)
2) 특별학급 및 산업체 附設學校의 설치 확대
3) 低學歷者들에 대한 취업훈련 확대, 취업알선 등 구체적 보호지원 事業을 지속적으로 전개시켜야 한다.

사. 靑少年団体 및 指導者 育成

현재 韓國에는 YMCA 靑少年聯盟, 보이스카우트, RCY 등 여러 단체가 조직되어 운영되고 있지만, 대부분의 단체들은 그 조직이나 규모가 영세하고, 특히 財政能力이 취약하여 그 활동을 효과적으로 추진하기가 어렵다. 따라서 이들 靑少年団体에 대한

1) 정부의 지원 확대

2) 靑少年 団体活動 여건조성 및 재정지원 확대

3) 훌륭한 靑少年 指導者 育成을 위한 구체적인 방법이 요구된다.

第2節 軍生活에서의 改善方案

신체적으로 正常인 韓國靑年은 20여 년간을 一般社會에서 생활한 뒤 軍隊라는 特殊集団에서 일정기간 義務的인 任務를 수행해야 한다. 자유로웠던 社會生活에서 벗어나 부자유스러운 軍 生活에서의 期間이 本人에게는 견디기 어려운 시간들이겠지만, 그러나 자신을 돌아보고 國家와 民族을 생각할 수 있는 것은 그 어느 社會生活에서도 소유치 못하는 長点이다. 軍 生活을 통해 부모에 대한 그리움과 형제, 친구에 대한 소중함을 획득하는 것은 군 생활을 하는 거의 모든 병사들의 일관된 소득이다. 우리 군은 일 년이면 거의 20만 명에 가까운 청년들이 군에 입대하고, 또 20만 명에 가까운 청년들이 社會에 복귀하는 거대한 조직체이다.

군조직만큼 사회의 큰 교육집단은 없다. 특히 신사고문화에 젖어

있는 성향을 절제시키고 균형을 잡아 주는 집단은 군대뿐이 없을 것으로 사료된다. 따라서 행동을 고치는 것도 중요하지만 상대방의 마음을 읽어서 마음을 잡아야 사고가 예방되고 사기가 충천할 것이다.

국군이 창설되어 오늘에 이르기까지 50여 년이 넘는 기간에 군대를 떠나 생활하는 인원만도 어림잡아 500만 명 이상이 될 것이며, 이들이 社會 각 분야에 진출하여 우리 역사를 만들어 가고 있는 것은 누구도 부인치 못한다. 이와 같이 거대한 國家의 特殊集団이 어디 있으며, 이들에게 올바른 삶의 價値觀과 國家觀과 世界觀을 심어 주는 軍隊期間이 되었다면, 오늘날 우리 국가는 그야말로 21세기에 태평양의 주역으로 아무런 의심이 되지 않을 것이다. 이와 같이 군입대 청년들에게 좀 더 바람직한 한국인상을 심어 주기 위한 軍 生活에서의 개선방안을 몇 가지 제안하고자 한다.

1. 집단의식고취

국군은 國民의 군대로서 國家를 방위하고 自由民主主義를 수호하며 조국통일에 이바지함을 그 理念으로 한다.[32] 특히 협력과 조직 및 규율을 강조하게 된다. 그러므로 군대는 개인보다는 집단을 중요시하며 개인 의사의 집단의식에의 복종을 필요로 하고 이기주의적 사고방식과 행동을 철저히 배격하며 최악의 적으로 간주한다.

人間은 社會的 動物이기에 集団 內에서 存在하며, 集団 內에서 자신을 방어하고 실현하는 것이 軍隊의 理想的 價値이기에 現代社會에

---

32) 陸軍本部, 軍人복무규율(国軍의 理念), 1999, p.4.

서 軍隊가 소유하는 가장 중요한 기능의 능력을 배우는 敎育機關이 되도록 해야 할 것이다. 예컨대 신병敎育과 같은 在社會化과정은 기존 社會와 단절된 상태에서 짧은 기간의 학습과정을 통하여 새로운 집단의 가치를 집중적으로 심어 줌으로써 그 집단에 필요한 행동규범을 창출할 뿐만 아니라, 社會적 일탈행동을 교정할 수 있는 좋은 기회로 활용될 수 있을 것이다 그리고 군의 구조적, 인적 특수성으로 인하여 병사들은 심리적 소속감 피해의식, 자기퇴보감 등의 부정적 감정과 동시에 동료 간의 친화력과 같은 긍정적 감정을 경험하게 되므로, 이 두 가지 측면을 지휘관이 적절히 균형 있게 조화시켜 나간다면 구성원으로 하여금 공동체 의식을 제고시킬 수 있는 좋은 계기가 될 것이다.

2. 情이 깃든 兵營生活 여건조성

入隊壯丁들이 점차 物質主義化, 機械化된 環境的 影響으로 각박하고 個人主義的 성향으로 기운다고 보이는 만큼 이를 시정하기 위한 노력이 절실히 요구된다. 따라서 軍隊의 環境을 종전의 劃一主義的, 權威主義的 統制爲主의 實行에서 벗어나 강한 훈련 뒤에는 肉体的, 精神的 緊張을 해소할 수 있는 兵營生活이 보장되어야 한다. 특히 처음 부대에 전입된 병사들은 갑작스런 環境変化에 당황케 되며, 그들을 개인적으로 지도하고 가능한 빠른 시일 내에 새로운 생활에 동화될 수 있도록 선임자들을 지정하여 훈련과 생활면을 친형제같이 지도할 수 있도록 꾸준히 격려하며 協力하도록 하는 兵營風土가 이뤄져야 할 것이다.

현재 각 부대에서는 매월 생일자의 합동파티나 모범병사에 대한 격려, 동아리 활동 등은 계속적으로 발전시키며, 더 나아가 군에서의 義兄弟를 맺는 方法도 硏究 檢討하여 적응하면 좋은 효과를 거둘 것으로 생각한다.

정이 깃든 내무생활, 즉 내무생활의 명랑화가 이루어지기 위해서는 일과시간 이후 이등병이 내무실에서 편히 누워 쉬든지, 오락을 하든지, 편지를 쓸 수 있어야 한다. 내무실은 군기를 잡는 곳이 아니다. 쉴 수 있는 곳이어야 한다. '신병이 스트레스'를 받는 것은 고된 교육 훈련이 아니라 바로 내무생활의 불합리적인 요소임을 알아야 한다. 아울러 이등병과 병장이 농담을 나눌 수 있는 곳이 내무실이어야 한다. 병사들이 한두 달 군 생활을 하는 것이 아니고 21개월을 같은 장소에서 먹고, 자고, 훈련해야 하므로 훈련은 실전과 같이 강하게 하고 내무실에서의 생활은 즐거운 마음으로 할 수 있도록 정이 깃든 병영 생활 여건을 조성해 주어야 한다.

3. 上級者의 指揮力 向上

군대는 일반사회와는 달리 명령과 복종, 규율과 통제라는 특성을 갖고 있는 사회로서 상하관계가 강요적이며 강압적일 수 있다. 그러나 합리적인 부대 지휘와 부대 전투력 제고 측면에서 고려한다면, 상급자라는 이유만으로 인간성과 통솔력이 결여된 상명하복의 관계만을 정립하려는 것은 오히려 부대에 악영향을 줄 수 있다. 바로 이러한 점 때문에 강한 부대 육성을 위해서는 일방적인 지시 일변도의 명령과 복종 관계에서 벗어나 부하의 능력과 조직 내에서의 역할을 인정해 주는 따뜻한 가슴이 필요한 것이다.

부대가 전투력을 갖기 위해서는 무엇보다도 인화단결의 풍토가 조성되어야 한다. 인화단결은 상하 동료 간에 생사를 같이하겠다는 전우애의 뿌리와도 같은 것이다. 따라서 간부들은 냉철한 판단으로 부대원 각자가 간부들의 따뜻한 가슴 아래 모이도록 노력해야 한다. 동서고금의 역사를 통해 볼 때 장수의 따뜻한 가슴 아래 모인 군사는 그 상관을 위해 목숨까지 바쳤다는 것을 우리는 알 수 있다.

　吳子兵法의 저자인 吳起가 魏의 장군이었을 때 그는 야전에서 언제나 최말단 병사와 같은 옷을 입고, 같은 음식을 먹고, 잠잘 때도 병사들처럼 자리를 깔지 않은 채 자고, 행군할 때는 자신의 식량을 직접 자신이 휴대하여 병사들이 동질감을 느낄 수 있도록 스스로 노력하였으며, 등창으로 고생하는 병사의 고름을 입으로 빨아 주어 낫게 하는 등 병사를 친자식과 같이 여겼다고 한다.

　周의 명장 강태공 呂尙은 행군 중에 술 한 병이 생기자 흐르는 개울물에 술을 다 쏟아붓고, 그 물을 수백 명의 병사들과 함께 나누어 마셨다.

　이처럼 리더십의 정수는 베푸는 것이다. 그리고 베풀 땐 가식 없고 진실하여야 사람의 심금을 울린다. 병사의 종기를 빨아 준 吳起의 행동과 술 한 병을 강물에 타 마신 강태공의 고사(古事)가 단순히 연극만은 아닌 것이다. 장군이 일개 병사의 고름을 빨아 준 것은 실로 진정(眞情)인 것이다.

　교육 심리학적 측면에서 한 학생이 어떤 과목을 좋아하고 싫어하는 가장 결정적인 요인은 그 과목을 담당하는 선생님을 좋아하는가, 좋아하지 않는가에 달려 있다고 밝혀진 바 있다. 이러한 원리는 군대의 경우 더욱 강하게 적용된다. 한 병사가 군대를 좋아하고 싫어하는 것은 선임병, 분대장, 소대장, 중대장, 대대장을 좋아하는가, 싫어하는가에 크게 좌우된다. 한마디로 말해서 상관이 좋으면 군대도 좋아하고 상관이 싫으면 군대도 싫어한다. 吳起장군의 부하가 휴가 중 어머님께 장군을 칭송하고 전투 시에는 자신을 아껴 준 장군을 위해 생명을 바친 사실은 우리가 부하 장병들을 어떻게 통솔해야 하는가를 명백하게 알려 주는 좋은 사례인 것이다.

이와 같이 지휘관은 감성지수가 높은 20대의 부하들과 함께 인간만이 흘릴 수 있는 3가지 귀한 액체인 '땀'과 '눈물'과 '피'를 나눌 때, 신세대 부하들도 상관을 위해 충성을 다하게 되며 유사시 목숨을 기꺼이 바치게 된다.

아울러 우리 모든 간부는 욕설과 폭언을 하지 않아야 한다. 부드러운 언행과 강인한 의지를 겸비하는 일은 스스로의 위엄과 권위를 만들어 내는 가장 좋은 방법임과 동시에 한 조직을 이끌어 나가는 데 중요한 기술이 되기 때문이다.

간부들의 부드러운 언행과 굳센 의지는 너그러움과 자신감의 표현으로 평시에는 즐거움·인정·칭찬·격려 등의 형태로, 유사시에는 어머니의 포근함과 아버지의 추진력으로 부하들에게 어필될 수 있어 부대의 소기의 목적 달성에 일조할 수 있다. 반면에 짜증 섞인 지휘관의 폭언이나 호통, 그리고 앞뒤 안 가리는 저돌적 임무 추진은 부하에게 군에 대한 염증을 느끼게 하고 스트레스를 유발시켜 비문화적인 병영생활(폭언, 구타, 가혹행위, 인권침해)을 유도하게 된다.

간부들은 어려운 여건 하에서 임무수행에 최선을 다하는 부하에게 外柔內剛의 모습을 보여주어야 하며, 이러한 것이 창의적이며 능동적인 결과로 이어진다는 것을 잊어서는 안 된다.

21세기 군 간부들이 갖추어야 할 가장 중요한 덕목 중의 하나로 도덕과 윤리를 들고 싶다. 일찍이 공자가 '개인이건 조직이건 공신력을 상실하고 도덕과 윤리가 무너지면 그 개인이나 조직은 절대로 설 수 없다(無信不立)'고 말한 것처럼 군도 튼튼한 道義의 기초 위에 비로소 전투력을 구축할 수 있는 것이다.

도덕과 윤리란 인간으로서 지켜야 할 최소한의 양심으로 말과 행동에서 거짓과 허식이 없는 것을 뜻한다.

미 공군참모총장이 미군 최초의 B52 폭격기 여성 조종사인 켈리 플린 중위에 대해 전역 조치한 것도 흔들리는 도의를 바로잡기 위한 고육지책으로 평가할 수 있을 것이다. 그가 그러한 조치를 취한 것은 켈리 플린 중위의 간통사건 그 자체보다 유사시 핵폭탄이 장착된 폭격기를 적진으로 몰고 갈 장교가 사건 조사에서 거짓말을 하였기 때문이다.

군조직 내에서 도덕과 윤리는 지휘관과 부하, 그리고 전우 상호 간에 신의의 근본이며 부대단결과 무형전투력을 이끌어 내는 지휘통솔 기법의 요체라 하지 않을 수 없다.

따라서 간부는 요령보다 원칙을, 권모술수보다 정당한 방법을 사용하여 부하들을 통솔해야 한다.

끝으로 감성지수가 높은 신세대를 이해하는 간부가 되어야 한다. 신세대는 소위 EQ라 불리는 감정조절능력, 즉 감성지수가 높다. 간부들은 신세대에게 기쁨이나 슬픔, 흥분의 감정을 잘 조절하는 능력이 있다는 점을 간파하여 이러한 감정조절능력을 부대목표 달성에 활용하는 지혜를 가져야 한다.

세계화·정보화의 시대적 흐름 속에서 인터넷을 이용해 자료를 검색하고, 생기발랄한 ROCK 뮤직을 좋아하는 신세대에게 과거의 권위적인 지휘통솔 방법을 그대로 적용하는 것과 막연한 애국심, 충성심을 요구하는 것은 바람직하지 않다고 생각한다.

왜냐하면 신세대들은 강한 개인주의를 바탕으로 한 요구와 욕망에 의하여 움직이는 원초적인 요소에 적응되어 성장하였기 때문이다. 그러므로 간부들은 기본적으로 신세대의 최소한의 욕구를 충족시켜 주고, 나아가 부대의 결속력을 강화해서 군인이 갖추어야 할 이상적인 특성인 용기, 인내, 강인성을 강화시켜야 한다고 본다.

신세대는 결코 자기 이익만을 내세우는 세대가 아니다. 신세대에겐 뚝배기 식 사랑이 아닌, 냄비와 같이 쉽게 끓는 다양한 식품의 사랑법이 지속적으로 필요하므로 기성세대인 우리에겐 그들의 변화무쌍한 요구를 끈기 있게 들어 줄 수 있는 부하에 대한 뜨거운 관심과 이해가 있어야 한다.

4. 명령계통의 이상 유무를 확인

군조직에 있어서는 명령계통의 단일화(Unity of Command)가 어느 조직체보다도 요청되고 있으나, 오늘날의 군조직은 각종 부서별 전문화를 실시하고 있기 때문에 전문화의 원리가 여하히 조정되느냐 하는 것이 문제점으로 부각되고 있는 실정이다. 다시 말해서 명령계통의 단일화가 軍組織에서 확실히 이루어지지 않을 경우 권위의 체계 또는 질서가 파괴되고 상하 및 동료 將 兵間의 원활한 人間關係가 저해될 우려가 있으며 결과적으로 사고의 원인으로 나타날 수 있으며, 따라서 한 부대 내에서도 부사관, 초급장교, 지휘관들에 대한 명령 계통을 확실하게 이해하도록 해야 한다.

5. 간부의 부하애 고취 및 기본권 보장

군 생활을 몇 년 정도 한 간부라면 누구나 '부하를 자식처럼 대하라'라는 말을 들어 봤고 또 자신도 그런 말을 해 본 경험도 있겠지만, 그 많은 간부들 중에 진정으로 부하를 자기 자식처럼 돌본 간부가 몇이나 될 것인지 장담하기 쉽지 않다. 가정에서 자녀를 키울 때 몸이라도 아프면 온갖 정성을 다 기울여 보살피고 병원에 데리고 가서 치료를 하곤 한다. 그러나 얼마나 많은 지휘관이 환자 실태를 세밀히 파악하고 입실한 환자를 찾아가 격려해 주며 자기 자식처럼 치료에 관심을 기울이겠는가?

몸이 조금만 불편해도 모든 의욕이 사라지는 것은 우리가 다 경험한 바이며, 군 복무 중에 있는 부하들 입장에서는 생의 의욕마저 상실할 우려가 크다. 부하가 신체적인 질환이나 정신적인 고통에 처해 있다면 마땅히 자식과 같이 여기고 정성을 기울여 돌보아 줌으로써 유사시 기꺼이 생명을 바칠 수 있는 부하가 되도록 해야 할 것이다. 군복무를 위해 입대한 전입신병들이 자살을 하고 병영을 이탈하며, 심지어 초급간부들 중에서도 적응을 못해 일탈행동을 하는 것은 무엇 때문인가? 물론 개인의 자질과 품성도 원인이 되겠지만 크게 내다보면 이들에 대한 사랑이 부족했기 때문이다. 자식도 부모의 관심이 멀어지면 탈선할진대 하물며 낯선 병영에서 부하들에 대한 관심과 애정이 미치지 못한다면 그 병사들이 가야 할 곳은 뻔할 것이다.

자신의 기준에 미치지 못하고 의도대로 따라 주지 않는다고 다그치는 데에만 익숙해져 있지나 않은지를 성찰해 보고, 전입장병을 포함한 모든 부하에 대해서는 자식을 사랑하듯이, 사고뭉치에게 매일같이 발이라도 닦아 줄 정도의 따뜻한 애정을 가지고 자상한 지도를 해 나갈 때 부하들은 지휘관과 상급자를 믿고 따르게 될 것이다. 그야말로 부하들 중 어느 부하가 부대를 이탈하고 싶어도 부모보다 자기 소대장이나 중대장 얼굴이 떠올라 마음을 고쳐먹을 정도가 되도록 해야 하는 것이다.

'살맛 나는 병영생활', '형제와 같은 전우애!' 많은 부대에서 이와 같은 구호를 내걸고 부대 전투력 향상을 도모해 가고 있지만 이에 대해 과연 부하들이 느끼는 체감 정도는 어느 정도일까? 야간 보초근무 중 후임병이 선임병으로부터 괴롭힘을 당하고서도 그 고통에서 벗어날 방도를 찾지 못한다거나, 남들은 포상휴가도 자주 가고 면회도 자주 오는데 이와 반대되는 상황에서 복무하는 병사가 있다면 그 부대의 병영생활에서 살맛을 느끼고 선임병들에게 형제와 같은 전우애를 느끼게 될 것인가? 부대의 사기는 부대의 구성원들 모두가 육체적, 정신적으로 별다른 고통을 모른 채 지휘관을 신뢰하고 간부들을 진정으로 따르는 분위기가 정착되었을 때 기대할 수 있다. 몸이 아프고 마음속의 고통이 치유되지 않은 상태의 부하들에게는 아무리 달래고 강요해도 마지못해 끌려가는 상태 이상은 불가능하기 때문이다. 병사들은 병영생활에서 다소의 불편이 있더라도 이를 감수하고 내색하지 않으려는 심리가 작용하기 때문에 소원수리나 신상파악을 통해서 애로사항을 찾아내기가 쉽지 않다.

때문에 부하들 중 누가 얼마만큼의 심신의 고통을 받고 있는가를 헤아리려면 무한한 사랑과 관심으로 현장에서 동식(同食), 동숙(同宿) 등을 통해 이를 들여다볼 수 있는 눈이 있어야만 하는 것이다.

의식주는 인간의 생존에 필수불가결한 요소인데 군생활에 있어서

먹는 문제는 특히 더 중요하다. 대량급식이라고 해서, 더구나 야외 훈련 중일 때면 청결은 물론 조리 상태도 정성이 없다면 인스턴트 맛에 길들여진 신세대 장병들은 PX에서 나오는 라면이나 핫도그를 더 선호할 것이다. 또한 소부대 단위의 면회여건을 개선하기 위해 위병소 근처나 가용한 공간을 확보하여 쾌적한 면회공간을 마련해 준다면 단기적인 체육대회나 오락회보다 훨씬 더 사기를 제고하는 데 기여할 것이므로 사기는 휴가나 휴식, 면회시설, 급식문제 등과 같이 부하들의 기본권 보장이 첩경임을 인식해야 하겠다.

6. 신상파악 철저

일반적으로 사고는 거의 100% 예방할 수 있다고 한다. 따라서 장병들의 사고예방을 위한 신상파악은 무엇보다 중요하며, 이를 위한 다음의 10가지 방법을 들 수 있다.[33]

가. 면담 시에는 부드러운 분위기를 유도하라.
나. 질문은 적게 하고 대답은 많게 유도하여 많은 이야기를 할 수 있도록 하라.
다. 사전에 기본지식을 가지고 면담을 하라.
라. 주변인물 활용 시에는 복합적으로 파악하여 판단하라.
마. 말을 잘 들어 주는 청취자의 입장이 되어라(격려와 동의로 부추겨라).

---

33) 육군본부, 부대관리훈, 2000, p.79.

바. 가장 중요한 것은 관찰이다. - 전입동기, 침상 옆 전우가 가장
　　잘 안다.

사. 각종 기관의 활용은 꼭 필요한 경우만 실시하라.

아. 지속적인 신상파악을 실시하여 변동사항을 확인하라.

자. 반드시 비밀을 유지하라.

차. 능력 초과 시 상급지휘관에게 보고하여 조치하라.

이 외에도 신상기록카드 분석, 부모 면담, 사회친구 의견, 신원조회
결과 등을 통해 입체적으로 신상을 파악하고 지휘관의 끊임없는 정
신敎育, 군종을 이용한 종교에의 신자화유도, 군법敎育의 강화 등을
통해 조직의 분위기를 명랑하며 가정적인 모습을 만들려는 노력이
무엇보다도 중요하다고 하겠다.

7. 軍 情神敎育의 內容 및 方法 개선

韓國 社會가 情報化社會로 급진적으로 발전함에 따라 大衆 敎育機
關들은 이에 부응하는 技術과 知識을 敎育하는 데 浮心하여, 情報化
社會에서 나타나는 문제를 의식적으로 해결하며 적응해 나가는 데
필요한 새로운 市民意識을 제대로 敎育하지 못하고 있다. 이는 요즈
음 큰 社會문제가 되고 있는 靑少年 脫線行爲 및 犯罪의 잔악성, 그
리고 心花되는 利己主義的 性向의 과대 표출 등에서 단적으로 나타
나고 있다.

현재 韓國軍 兵士들의 학력수준은 90% 이상이 고등학교 이상이기
때문에 군은 과거와 같이 文字解讀, 初級技術習得 등의 초보적 국민

教育을 담당해야 하는 부담에서 해방되었다. 하지만 經濟成長과 情報化 社會 指向으로 인하여 발생한 새로운 社會的 問題에 대처하는 데 필요한 새로운 國民意識教育을 軍이 담당해야 하는 認識은 점점 더 높아져 가고 있다.

더구나 現代戰은 思想戰의 요소를 배제하고 생각할 수 없기 때문에, 어떠한 자생적 사상도 효과적으로 해결하는 국가적 기구가 필요하며, 이 점에서 군의 역할은 매우 큰 것이다.

따라서 장기적이며 발전적인 教育內容을 조화시킴으로써 高學力 兵士들에 대한 教育의 효과를 기대할 수 있다고 판단한다. 더 나아가서 군 정훈教育을 주입식, 강의식의 일방적 방법으로부터 점차 토의식·토론식의 相互問題解決式 教育方法 및 국내 및 외국의 분쟁사례를 접목시킨 사례 위주의 정신교육으로 전환시킴으로써, 병사들이 실제 참여하며 체득할 수 있는 教育이 되도록 해야 할 것이다.

8. 入營對象者의 選拔强化

第2章에서 살펴본 바와 같이 社會의 靑少年들이 범하는 범죄의 양상이 점차 흉악하고 포악한 현상을 나타내게 됨에 따라서 군에서의 범죄양상도 强力犯罪의 현상이 나타나고 있음을 알 수 있고 특히 <표 15>에서 보는 바와 같이 軍務離脫에 대한 62.3%가 군복무에 대한 염증에 의한 것이고, 또한 <표 17>의 자살자 중 32.5%('99)는 군복무에 부적응 현상을 나타내고 있음을 볼 때 入營對象者의 選拔을 강화해야 할 것이며, 특히 入隊前 社會에서의 受刑者는 군에서도 指揮官들로 하여금 많은 部隊指揮의 부담을 주게 되고 재범의 위험성

이 대단히 높기 때문에 이들을 入營對象者에서 特別管理하도록 제안
코자 한다.

現行 兵役法 施行令 第136조에는 6개월 이상의 징역 또는 금고의
형을 선고받은 자는 보충역에 편입('01. 3월 개정)하도록 하고 있기
때문에 6개월 미만의 전과자도 군에 입대하게 되어 있다. 따라서 社
會에서의 강력범이나 특수강도 등도 군에 충분히 입대 가능하므로
이들에 대한 군입대는 고려되어야 할 것이다.

9. 신사고 지휘통솔 기법 개발

반세기의 군의 역사 속에서 20년 전이나 현재나 변함이 없는 것이
있다면, 그것은 병영저변 속의 '사고원인'이라 할 수 있다. 20년 전이
나 지금이나 변함없는 '걱정거리'는, 이등병은 휴가와 애인문제, 고참
병들의 횡포가, 병장급은 전역 후에 진로에 대한 고민이 주를 이루고
있다. 그리고 이러한 것들을 고심하는 과정에서 자살이나 탈영 등 군
기사고가 발생하고 있다는 것을 알 수 있다. 이러한 정황을 모른 채
계속해서 선임병들은 '이등병은 왕이다'라고만 여기고 이등병의 고
충에 대해서 무관심한 것이 군의 실정이다.

병영저변 속의 사고 원인은 '정신력 미약, 체력 열세, 적응곤란, 가
정 사정' 등으로, 그 근본적인 원인은 회피한 채 사고를 발생시킨 병
사에게 모든 것을 전가하는 현상이다.

그러나 그 내막을 예리하게 분석해 보면 사실은 미처 적응하지 못
한 이등병, 일등병에게 선임병들이 인격적으로 모독하고, 배우지도
못한 것을 하지 못한다고 업신여기고, 구박하고, 가혹행위 및 장난삼

아 때린 구타 등이 직접적인 원인으로 작용하고, 학대·횡포를 보고 알면서도 묵인 방조하는 간접적인 원인이 그 병사로 하여금 자살과 탈영, 전우 가슴에 총을 겨누게 하는 실질적인 원인인 것을 우리는 분명히 알아야 하겠다.

그런 의미에서 내무실에 같이 생활하는 모두가 그 병사에게 사고를 발생케 유도한 '공범'이라는 인식을 갖고 나 한 사람의 말 한 마디, 행동 하나로 인해 한 사람의 목숨과 장래가 좌우된다는 책임감으로 병영생활이 이루어져야 하겠다.

사고의 대부분이 일·이등병에게서 발생되고 있고 자살로 인한 사망사고율은 이등병이 월등히 높았으며, 이는 계급이 낮은 계층일수록 사고발생 시 대부분이 사망에까지 이르게 되는 극단적인 상황으로 이어진다는 것을 알 수 있다.

위의 직접·간접적인 사고원인을 기초로 하여 분석해 볼 때, 결론은 지휘관이 일·이등병 위주의 부대 운용을 할 수밖에 없다는 것이다.

그러나 일·이등병 위주의 부대 운용이 그리 어렵지만은 않다. 그 이유로 신세대는 결코 기성세대가 생각하고 있는 부정적인 사고만을 가지고 있는 것이 아니라, 기성세대보다 합리적인 사고를 견지하고 있는 측면이 있으며 자기 자신에 대한 자아의식이 강하여 단체생활에도 대체로 잘 적응해 가고 있다.

1996년 서울교육대학에서 신세대를 대상으로 의식성향을 조사한 바에 의하면 일·이등병들은 적극성과 일사불란한 지휘체계가 요구되는 군대에서 '개인의 생각과 다소 차이가 있더라도 정당한 명령과 단체의견에 대해서는 잘 따르겠다'는 획일주의적 전통을 인정하고 있으며, 개인에게 임무부여 시 최선을 다하여 스스로 해결하려고 노력하며 상관에 대한 올바른 태도도 갖추고 있다고 한다.

따라서 부대의 전투력을 창출하기 위해 노력하는 지휘관(자)들은 신세대 장병들의 입장으로 '역지사지(易地思之)'의 기법을 도입하여 신세대들의 의식성향을 정확히 인지(認知)하고, 부정적인 면은 제거하고 긍정적인 면을 부각시켜 부대 운용에 지혜롭게 적용한다면 군 내에서의 일탈행위를 예방할 수 있을 것이며 '싸우면 반드시 승리하는 부대', '군인다운 군인'으로 육성해야 하는 중요한 임무 또한 달성 가능할 것이다. 또한 21세기 우리 군대의 병영생활의 모습은 '이등병도 누워서 책도 보고, TV도 보고, 편지도 쓰는' 바람직한 내무실이 자리 잡게 될 것이다.

군조직에서 지휘관(자)이 차지하는 비중은 실로 절대적이라 할 수 있다. 지휘관(자)이 나름대로 정립된 자신만의 지휘철학과 방대한 군사 전문지식은 부대를 성공적으로 이끌어 갈 수 있으며, 전쟁의 승패도 이에 따라 좌우될 뿐만 아니라 더 나아가서는 국가의 존망과 세계 평화에까지 영향을 미치게 된다.

'강장(强將) 밑에 약졸(弱卒) 없다'는 지휘통솔에 관한 대표적인 서양 격언에서도 알 수 있듯이 조직에서 지휘관(리더)의 중요성은 말로 표현할 수 없는 것이다. 따라서 효율적인 부대 운용과 부하의 마음을 움직이기 위해서는 지휘관이 먼저 자신의 위치를 정립시키고 솔선수범하는 자세를 견지해야 하겠다. 신세대 장병들의 자유분방한 사고의 틀에 부합된 지휘를 하기 위해서는 지휘관도 기존의 틀을 벗어나 다양한 사고와 지휘기법을 도입해야 한다.

우리 주변에서 쉽게 볼 수 있는 '물' 개념을 부대 운용에 대입, 즉 고체 · 기체 · 액체 등 변화되는 환경에 따라 다양한 형태로 자신의 모습을 바꾸는 '물'처럼 부대를 운용해야 한다는 것이다.

꽃병에 넣으면 물은 꽃병과 같은 형태를 지니고, 사발에 넣으면 사발과 같은 모양, 바닥에 버리면 바닥 구석구석에 나 있는 틈새로 새어 들어가 또 하나의 형체를 지닌다.

병사들도 마찬가지로 자라온 환경에 따라 다양한 형태가 있을 것이다. 각양각색의 모가 난 병사들을 그 형태에 따라 지휘관도 각기 다른 형태로 지휘통솔을 하게 되면 나중에는 부대 전체가 한 방울의 물이 모여 바다를 이루듯 하나의 정형화된 부대를 이루게 될 것이다.

지휘관이 어디에, 어떻게 매치하느냐에 따라 부대 운용의 형태는 달라진다. 지휘관은 어떻게 하면 더 효과적인 부대 운용을 할 수 있을 것인가에 대해 깊은 생각을 가지고 고심해야 하며, 자신의 부대에 하나의 집약된 혼을 집어넣을 수 있어야 한다. 지휘관이 하나의 집약된 부대 혼을 장병들에게 주입시키기 위해서는 과거와는 다른 전환된 의식을 시대의 흐름에 맞추어 적용해야 하며, 지휘관의 사고에 병사들의 사고를 맞추려고 하면 문제가 발생하기 때문에 군 본연의 임무수행 시 일방적으로 X세대인 병사들의 의식에 맞추는 것은 옳은 방법이 아니다. 그러므로 지휘관은 병사 관리 측면에서 보면 사명감을 가지고 책임 있는 병사관리가 되어야 한다. 지휘관을 비롯한 전간부의 직책과 계급은 국가라는 조직에서 부여한 것임을 알아야 할 것이며, 또한 병사는 '국가라는 이름'으로 우리에게 맡겨진 군에 와서 의무를 이행하는 자임을 분명히 알아야 하며, 지휘관의 책임이 무엇인지를 알고 국가에 대해서 보답을 해야 한다. 현재 군 내에서 일어나는 자아사고의 근본적인 문제가 무엇인가를 알고 지휘관은 시대에 부합된 올바른 가치관과 사명감을 가지고 임무수행에 만전을 기해야 한다.

우리는 부모와 함께 걸어가던 어린아이가 길에 고인 흙탕물 속에 이유 없이 뛰어들어 물장난을 치는 것을 본 적이 있을 것이다. 옆에서 지켜보는 부모는 아이 옷이 버릴까 봐 아이를 흙탕물에서 끌어내면 아이는 울면서 흙탕물로 다시 들어가려 한다. 어른들의 생각으로는 이해가 안 되는 행동을 어린아이는 아무 생각 없이 하는 경우가 있다. 군에서 이등병도 마찬가지다.

'흙탕물에 빠지는 어린아이'처럼 이등병은 마음이 여리고 선임병이 하는 행동을 그대로 따라 하려 한다. 그러나 선임병들은 그러한 이들의 행동을 이해하지 못하고 무조건 이등병을 못마땅하게 여기고 질책하려 한다. 이등병이 하는 행동을 아무런 이유 없이 못마땅하게 생각하는 선임병들의 사고방식은 개선되어야 한다.

'개구리 올챙이 적 생각 못한다'는 속담처럼 지금은 선임병이 되어 있지만, 자신도 1년에서 1년 4개월 전에는 이등병 시절을 겪었을 것이고, 자신이 이등병 시절이었을 때 선임병들도 자신을 지금 자신이 이등병에게 하는 것처럼 했다는 사실을 기억하지 못한다. 처음부터 잘하는 사람이 어디에 있겠는가? 사회생활에서 벗어나지 못한 채 군에 갓 첫발을 내딛은 이등병들도 선임병들과의 생활을 경험하고, 그들의 행동을 보고 배우며 행동으로 실천하면서 군에 대한 생활에 조금씩 익숙해져 가는 것이다. 이러한 과정을 거치면서 이등병들은 일병, 상병, 병장으로 한 단계씩 진급을 하게 되고 점차적으로 진정한 군인으로서의 자격과 모습을 갖추게 되는 것이다.

따라서 이등병이 지금 하는 행동은 진정한 군인으로서의 자격과 모습을 갖추기 위한 발전단계로 보고 그들을 있는 그대로 인정해 주어야 하며, 그렇지 않고 못마땅하게 여겨 과정 속에서 압력이 가해진다면 이들이 어느 방향으로 탈선할지 아무도 예측할 수 없을 것이다.

이등병이 군 생활에 잘 적응하기 위해서는 선임병들의 역할이 매우 중요하다. 선임병들은 이등병들이 자신들의 모습을 보고 배우고 따라 하기 때문에 '~해라', '~하는 것이다'라는 명령식, 주입식 교육이 아니라 내무생활 속에서 후임병보다 먼저 빗자루 들고 청소하고 총기·장비 등을 수입하는 등 먼저 '행(行)'하는 교육이 이등병들이 보고 배울 수 있도록 해야 한다.

신세대 장병의 인식전환에 따른 지휘통솔기법의 대전제는 주위환경에 따라 형태가 바뀌는 '물'과 같이 신세대 장병의 사고방식에 따라 다양한 지휘기법을 개발하여 이를 부대 운용에 적용, 유동적인 부대 운용을 해야 한다는 것이다.

개인주의와 물질주의적 가치관을 가지고 있는 신세대를 이들의 사고와는 극단적인 군대조직에 적용시키기 위해서는 신세대의 특성과 군대조직의 특성을 서로 극단적으로 강요할 것이 아니라, 중용의 원칙에 입각해서 군조직과 구성원 간에 쌍방 욕구를 조화롭게 추구해야 한다.

또 가용한 조직을 최대한 활용한 임무수행과 부대지휘가 이루어져야 한다는 것이다.

조직 속에서 기능을 잘 발휘하는 사람은 능력을 인정받는 것이다. 사람이 조직을 키우는 것이 아니라, 조직이 사람을 키우는 것이다.

조직은 상하가 같이 움직여야 힘이 발휘되는 것이다. 문어의 예를 들어 보면 머리는 조직이고 다리는 조직원으로 개개인을 나타낸다. 여러 개의 다리가 기능을 잘 발휘해야 머리 또한 기능을 잘 발휘하는 것이다. 한 사람에 의해서 움직이는 조직이 되어서는 안 된다. 이것이

문어발의 원리, 즉 조직 운영의 기법 또는 부대관리 기법인 것이다.

　결론적으로 보면 무엇보다도 효과적인 지휘통솔이 가능하기 위해서는 앞서 제시한 신세대의 의식에 나타난 성향을 부대지휘와 교육훈련 등에 적용하여 '싸우면 반드시 이기는 부대를 육성'하고 '군인다운 군인'을 만들기 위해서 기성세대인 지휘관 한 사람에 의해 부대의 목표와 방향이 좌우되는 그런 부대가 아닌 중용의 원칙에 입각해서 법과 규정에 의해 명확하고 합리적으로 지휘되는 군대가 되어야 하겠다. 이러한 것들이 가능하기 위해서는 병사들이 지휘관에 대한 매력과 신뢰심이 있을 때 가능하므로 지휘관의 솔선수범, 긍정적인 부하관, 자상한 배려의 지속적인 노력이 따라야 한다.

10. 爲·愛 精神 實踐

　사고를 예방하기 위해서는 문제병사의 마음을 잡아야 한다. 상대방의 마음을 잡으려면 그 사람 마음속에 내 얼굴이 아름답게 그려져야 한다. 그러기 위해서는 내가 그 상대방을 진정으로 위해 주고 아껴 주는 마음을 실천했을 때 가능한 것이다.

　그러면 爲·愛 精神을 어떻게 실천하여야 하는가? 爲·愛 精神은 보수를 많이 주고, 좋은 주택, 좋은 차량을 주는 것과 같은 물질적인 것보다 '사람을 사람답게 대접하는 것'을 의미한다. 이와 같은 爲·愛 精神은 구세대보다는 신세대가 그리고 신세대에서도 더 젊은 세대로 갈수록 더욱 강렬해질 것이다.

　우리는 이러한 역사의 흐름을 거스를 수가 없다. 미래의 新世代로 갈수록 그들은 다른 온갖 악조건은 참을 수 있어도 인간대접을 못 받는다고 생각하면, 그리고 인간차별 대우를 받으면 참을 수가 없고 미쳐 버리는 것이다. 간부들은 신세대들의 그와 같은 강렬한 성향을 깊이 인식해야 한다.

가. 내가 먼저, 上級者가 먼저

남을 위하고 아껴 주는 마음을 실천하는 것은 내가 먼저 시동을 걸고, 上級者가 먼저 시동을 걸어야 한다. 상대방이 나를 위해 주기를 바라고 그에 따라 그만큼 나도 위해 주려고 하는 것은 진정 남을 위하는 것이 될 수 없는 것이다. 남을 위하는 것은 일방적인 것이 되어야 한다. 상대방이 자기를 위해 주든 안 위해 주든 상관없이 一方的으로 위하는 것, 무조건적으로 위해 주는 것이 되어야 한다.

나. 差別 없이

인간 세상에는 차이가 많다. 출생 시 얻어지는 어쩔 수 없는 차이, 즉 성별, 연령, 출신성분, 출신지역 등과 출생 후에 얻어지는 차이, 즉 신체조건, 빈부, 가정환경, 주택, 차량, 출신학교, 능력 등의 차이가 있으며 우리 군에서 특히 階級의 差異가 있다. 요사이 젊은 세대들은 과거보다는 인간적으로 차별대접을 받을 때 가장 싫어하며 심지어 증오하기까지 한다. 계급의 차이는 직무수행의 차이를 뜻하는 것이지 인간 대접상의 차이를 뜻하는 것이 아니다.

병사를 대할 때나 부사관, 장교, 장군을 대할 때나 똑같이 대하여야 하고 일병을 대할 때나 원사를 대할 때, 소령을 대할 때나 중장을 대할 때, 인간을 인간답게 대접하는 면에서는 다 똑같이 대할 수 있어야만 하는 것이다. 병사 상호 간에 있어서도, 부사관 및 장교 상호 간에 있어서도 마찬가지다. 물론 그것은 어렵다. 어렵기 때문에 그것을 '벽'이라고 한다. 인간대우에 있어서는 그 '계급의 벽'을 깨뜨려야만 진정 상호 간에 위하고 아끼는 풍토가 조성될 수 있으며 끈끈한 情으로 뭉친 골육지정의 부대, 孫子가 말하는 '視卒如愛子'의 부대가 될 수 있는 것이다.

다. 내 자식같이, 내 형제같이

爲‧愛 精神은 말 그대로 인간 本然의 마음에서 우러나오는 眞心 어린 마음이다. 부모, 형제간의 사랑은 잘 보이기 위해서, 어떤 대가를 바라는 마음에서 베푸는 사랑이 아니다. 아무것도 바라는 것 없이 순수한 마음으로 주는 조건 없는 사랑, 인간 본연의 마음에서 우러나오는 진정 어린 '爲‧愛의 마음'인 것이다.

간부들은 이러한 점을 결코 看過해서는 안 된다. 마음에도 없는 형식적이고 가식적인 말과 행동은 누구나 그 眞實과 虛僞를 구분할 수 있기 때문이다.

眞實은 眞實로 통하는 법이다. 진심으로 내 자식과 같이, 내 형제와 같이 위하고 아껴 줄 때만이 爲‧愛 精神이 충만한 강한 부대가 될 수 있는 것이다.

그러면 간부로서 병사들을 위해 무엇을 어떻게 위해 주고 아껴주어야 할 것인가?

1) 병사에게 항상 따뜻한(깊은) 關心을 갖는 것이다.

강한 부대, 싸워 이길 수 있는 부대가 되느냐의 여부는 바로 부대 戰鬪力의 源泉이라고 할 수 있는 下部組織 대부분의 구성원인 兵士

들이 맡은 바 임무에 最善을 다하느냐에 달려 있다. 간부는 大觀小察의 자세로 만남과 대화를 통해서 병사들의 관심사항, 요구사항이 무엇인지를 정확히 파악하고 병사들이 아프고 어려워하는 것을 해소시켜 주어야 한다. 그렇다고 병사들의 눈치를 보거나 그들에게 인기를 얻기 위해서 노력하라는 얘기는 아니다.

2) 병사를 진심으로 理解하고 認定해 주어야 한다.

병사들은 제각기 다른 개성을 지니고 있다는 것을 인식하여 각자의 개성을 尊重해 주어야 한다. 그리고 寬容의 정신을 바탕으로 항상 병사의 입장에서 그들을 이해하고 생각할 줄 아는 너그러운 마음을 가져야 한다.

또한 병사들이 간부로부터 인정받고 싶어 하는 인간적 心性을 이해하여 한 마디의 칭찬, 격려, 표창 등 병사들에게 情과 信賴를 심어줄 수 있는 모든 手段을 아끼지 말아야 한다. 그렇게 하여 병사들의 근무의욕을 북돋아 주고 동기를 유발시켜야 한다.

3) 병사들과의 約束은 아무리 사소한 것이라도 반드시 지키는 간부가 되어야 한다.

병사들은 간부들의 말 한 마디, 행동 하나하나에 항상 신경을 곤두세우면서 지켜보고 있다. 간부가 무심코 한 사소한 약속이라도 병사들은 결코 잊지 않으며, 그 사소한 약속들이 지켜지지 않을 때 병사들은 실망하게 되고 그 간부에 대한 信賴는 무너지게 된다. 따라서 간부는 병사들과의 사소한 약속을 잘 이행하느냐의 여부가 上·下 신뢰감 형성의 중요한 關鍵이 된다는 생각을 항상 염두에 두어야 할 것이다.

4) 병사에게 情을 아낌없이 주는 것이다.

내가 부하에게 진심으로 따뜻하게 대하면 병사도 진정으로 따르기 마련이다. 그러나 내가 이만큼 베풀어 주었는데 너는 왜 나만큼 해주지 않느냐고 기대한다면 그 부대 분위기는 찬바람만 불 것이다. 간부는 병사에게 내 자식같이, 내 형제같이 조건 없는 情을 아낌없이 주어야 한다.

강한 부대 육성을 위해서는 부대원이 목숨을 바치고서라도 자기에게 부여된 임무를 기필코 완수하고자 하는 책임감을 갖도록 만들어 주어야 하는 것이다. 중국 晋나라 武人 豫讓의 名言인 '사나이는 자기를 알아주는 사람을 위해 목숨을 바친다(士爲知己者死)'는 것처럼 부하들이 상관으로부터 차별 없이 인간대접을 받는다고 느끼면 목숨까지라도 바쳐서 상관의 명령과 지시를 따르려고 하는 마음이 생기는 것이며, 그 결과 끈끈한 정으로 똘똘 뭉친 骨肉之情의 부대, 凝集力(Cohesion)이 강한 부대가 되어 전장에서 싸워 이길 수 있는 강한 부대가 될 수 있는 것이다.

11. 카운슬링(Counselling) 制度 改善

본 연구자가 가장 강조하고 싶은 과제로서 교육과 설득에는 여러 가지 방법이 있지만 1:1 상담교육이 가장 큰 효과가 있음은 부인할 수 없고 아울러 군입대자는 정서적으로 일정한 기간 동안에 많은 혼란과 방황으로 그들의 행동을 예측하기에 어려움이 있으므로, 면담 및 카운슬링(Counselling)을 통해 지휘관과 부하 사이에 우선 믿고 이

야기할 수 있는 분위기를 조성해 주는 것이 효과적인 면담의 방법이 될 것이다.

상급자와 하급자는 시야와 경험의 차이가 있다. 상급 지휘관은 다양한 경험을 바탕으로 지시하지만, 하급지휘관과 병사는 공감대가 형성되지 않아 정확한 의도를 간파하지 못하여 시행상 착오를 가져올 수 있으므로, 상·하급자의 이해와 인식이 일치되도록 충분한 대화가 이루어져야 하며 필요한 조치와 확인이 있어야 된다. 즉, 카운슬링(counselling)을 통해서 '상하 눈높이'를 일치시키면 풀지 못할 일이 없고, 사회에서부터 고민거리를 안고 입대하여 불안한 마음으로 부대와 전우들에게 정을 붙이지 못한 나 홀로 병사들이 마음의 문을 열어 대형 사고를 미연에 예방할 수 있으리라 확신한다. 과거와 같이 어느 일정한 장소에서 만나 대화하는 상담방법에서는 벗어나자는 것이 본 연구자의 의견임을 먼저 밝히고 싶다. 그럼 다음에서 카운슬링(counselling)의 중요성 및 효과, 눈높이 형성요령, 착안사항, 카운슬링(counselling)전담 간부 보직에 대한 본 연구자의 의견을 제시하고자 한다.

가. 카운슬링(counselling)의 중요성 및 효과

현대사회는 가족 간, 이웃 간, 상하 간, 동료 간 대화의 부족 및 단절이 큰 병폐로 대두되고 있다. 따라서 청소년 후반기의 입대 장정들은 이러한 닫힌 마음을 가지고 입대하여 작은 문제가 닥쳐와도 일탈행위로 표출하고 마는 것이다. 따라서, 상급자는 부하들과 같이 살을 맞대고 운동을 하고 오락을 하면서 무언중에 오가는 눈길로써 대화를 하는 것도 일종의 상담이므로 비록 비언어요소라도 총동원하여 대화의 물꼬를 터야 할 것이다.

나. 카운슬링(counselling) 시 눈높이 형성요령

먼저 상담자는 부하와 형식적인 대화는 피하고 진실되고 격식 없는 대화를 해야 한다. 다시 말하면, 정식 면담이나 간담회와 같은 형식적인 대화는 가급적 피하고, 항상 병력들이 활용하는 곳에는 어디든지 직접 나가 현장에서 함께 어울리며 접근하고 대화를 하기 위해 노력해야 한다. 다음으로는, 상담자는 권위의식을 버리고 인간적인 면을 보이도록 노력해야 한다. 마지막으로, 상담자는 부하와 몸소 부딪치면서 하급자의 생각과 세계를 이해하도록 해야 한다. 즉, 병사들의 입장에서 함께 훈련도 하고 운동도 하면서 뒹굴기도 하고, 장기와 바둑을 같이 두며 인간미가 넘치는 사람으로 인식되게 하며, 부하의 세계로 들어가서 그들을 이해할 때 마음을 털어놓을 것이다.

다. 카운슬링(counselling)을 통한 '눈높이 일치' 활용 착안사항

언제(when) 해야 하는가? 평상시나 주요한 임무를 하달하고 추진하기 전에 충분한 서로의 생각과 인식이 일치되도록 해야 한다.

어디서(where) 하는가? 대화를 통한 눈높이 조절은 장소에 구애됨이 없이 형식을 떠나서 허심탄회하게 이야기를 나눌 수 있는 곳은 어느 장소나 좋다.

누가(who) 하는가? 눈높이를 일치시키는 주체는 어느 조직에서나 부하를 두고 있는 상급자가 되어야 한다.

어떻게(how to) 하는가? 상급자로서 직책과 권위의식을 버리고 인간적으로 이야기를 나누며, 하급자의 생각수준과 고충을 이해하면서 상호 간의 공감대가 형성되도록 대화를 나눈다.

라. 카운슬링(counselling) 전담 간부 및 부서 신설

비행청소년과 비행학생을 위한 청소년 교정 상담 정책은 법무부 보호국과 일선학교의 학생과 주임교사를 중심으로 추진되고 있어 미흡하나마 교정 장치를 가동하고 있다. 그러나 우리 군은 인사업무부서나 지휘관, 군종장교, 군의관에 의해서 부분적으로 카운슬링(counselling) 업무를 추진하고 있다. 그러나 앞에서 열거한 인원들 역시 오랜 기간 동안 무관으로서 역할만 감당해 왔고, 또한 기본임무 수행이 과중하여 카운슬링(counselling) 효과는 그다지 크지 않았음을 알 수 있다.

따라서 군에서는 정책적으로 전담간부 및 부서를 신설하여 예산편성 및 상담실을 준비하고 완전 정착단계에 이르기 전까지는 전문기관에 위탁교육을 보내고, 전문가를 초빙하여 합동근무를 하는 등, 충분한 준비와 계획 수립이 요망된다.

끝으로 사례를 한 가지 들고자 한다.

미 육군 행동과학 연구소의 분석에 의하면, 포클랜드 전쟁에서, 보다 많은 병력과 장비를 투입하고도 패한 아르헨티나 군은 상하 간에 의사소통이 잘 안 되어 수직적 결속이 미약한 것이 중요한 패인이었던 반면, 영국군은 상하 간의 의사소통이 잘 되어 상하 간에 서로가 무엇을 원하는지 눈높이가 일치된 것이 주요한 승인으로 나타났다. 아르헨티나 장교들은 "자신의 위신과 위엄을 유지하기 위해 병사들과 함부로 접촉하지 않는다"는 기풍이 상하 간의 의사소통을 차단하는 결과를 가져온 반면, 영국군의 간부들은 계급의식을 제거하고 상하 간에 항상 유머 있는 대화를 나누고 전장에서는 연대장, 대대장 모두가 병사들과 똑같이 고난을 겪음으로써 전쟁에서 승리할 수 있었다.

사례에서도 느낄 수 있듯이 카운슬링을 통해 대화가 통할 때, 다소
문제점을 안고 입대했던 병사들은 지휘관과 상급자에게 '눈높이'를
일치시키고 마음을 열어 사고를 예방하고 한마음 한뜻이 되어 전투
력 상승에 기여하게 될 것으로 본다.

第6章

結論

우리 社會는 그 어느 시대보다 빠른 속도로 다양한 社會変化를 체험하고 있다. 점차 加速化되어 가는 그 변화에 수반된 情報化의 촉진은 수많은 人力을 政治, 経濟, 文化 中心地인 都市로 쇄도케 하여 급격한 都市化 現象을 이루었고, 여기서 파생되는 전통적인 가치와 규범의 변화는 가정의 변화, 세대 간의 변화 등을 가져왔다.

이러한 過渡期的 変化 속에서 우리 社會는 혼란과 전통을 겪지 않을 수 없고, 이에 따라 많은 社會問題를 갖게 되었는데, 특히 既成世代를 비롯하여 青少年들의 준법정신 결여로 헤아릴 수 없을 정도로 발생하는 범죄행위와, 또한 不道德하고 非倫理的인 人身·人命 輕視 風潮는 전체 우리 社會의 文化構造를 붕괴할 정도로 심각성을 더해 가고 있다. 이에 편승한 青少年의 비행은 심각한 社會문제가 되고 있으며 급격한 社會변동으로 인해서 현재 우리 社會의 青少年들은 과거의 그들보다 성격, 특징 등 제반 行動樣狀에 心理的·社會的 적응의 변화를 겪으면서 青少年들에 의한 非行이 양적 증가 및 질적으로도 포악해져 가며 成人犯罪를 능가하는 倫理的인 타락성을 더욱 심각하게 말해 주고 있는 것이다.

장차 우리 社會의 靑少年問題는 生活水準의 향상과 더불어 증가할 것이고, 이 시대의 향락풍조, 한탕주의 및 황금만능주의 팽배와 함께 수단과 方法을 가리지 않고 目標를 달성하려는 퇴폐적인 靑少年 非行文化가 形成될 것은 自明하다.

위와 같은 問題点을 가지고 本 硏究에서는 靑少年들의 非行에 대한 原因을 우리 社會의 環境的인 要因에 重点을 두는 理論에 접근하여, 非行의 실태를 인식시키고, 특히 靑少年非行의 증가에 따라서 필연적으로 軍隊社會에서도 범죄의 양상이 변화하는 연관성을 파악하여 軍犯罪 解決을 위한 다음과 같은 豫訪對策的 結論을 얻게 되었다.

1. 情이 깃든 兵營生活을 하도록 내무반 천국이 이뤄져야 하고
2. 신상파악은 내 자식과 형제를 알 듯 입체적이고도 과학적으로 해야 하며
3. 宗敎活動을 强化하여 심리적인 안정감을 부여하고
4. 社會에서의 受刑者에 대한 軍入隊 管理 개선이 이루어져야 하며
5. 대화를 통해 상대방(병사)의 마음을 이해하고 경험해야 한다. 병사들이 군에 입대할 때의 마음은 태어나서 20세 전후까지 어머니 친화적인 성격에서 갑자기 부모 곁을 떠나 미지의 세계에 왔으므로 근심, 걱정이 클 수밖에 없다. 이때 그들을 적응시키는 과정이 없이는 사고를 유발할 수밖에 없을 뿐이다.
6. 軍生活의 期間을 올바른 價値觀과 人生觀을 심어 주는 기회로 만들기 위해서 부대 내 간부들의 헌신적인 노력과 言行一致의 生活로 모범을 보이고, 사고 우려자에 대한 조기색출을 위한 각종 노력을 경주함으로써 군에서의 사고는 거의 100% 예방할 수 있다.

결국 오늘날의 靑少年들의 問題点을 오직 靑少年層으로 한정시키려는 局地的인 思考를 탈피하고 靑少年들은 家庭으로부터 社會全般에 걸쳐 다양한 기성인들과 접촉하면서 그들의 행동이나 사고를 형성하게 되므로 靑少年들의 非行이 개인의 問題만이 아니라 가정, 學校, 社會의 全般的인 問題이며 靑少年들의 이해나 선도에 있어서 일차적인 책임과 문제 원인의 발견은 당사자인 靑少年들보다 그들의 父母를 포함한 성인이나 그 社會에서 찾아야 하며, "윗물이 맑아야 아랫물이 맑다"는 속담은 진리이자 우리의 靑少年을 건전하게 자라게 하는 試金石으로 삼아야 할 것이다. 가정, 학교, 지역사회, 국가, 군대 내의 모든 부모 및 관리자들은 항상 우리 청소년들과 병사들의 입장에서 그들의 눈높이를 맞추어 간다면 어떠한 범죄도 다 예방할 수 있으리라 본다.

本 硏究者가 아쉽게 생각하는 것은 本 硏究에서 자료의 미비와 그 외 여러 가지 여건으로 시도하지 못하였던 것들, 특히 軍入隊前의 전과기록자가 軍入隊 後에도 犯罪를 저지르고 있는지의 여부와, 또한 全軍의 現況이 아닌 陸軍만을 주로 연구대상으로 하였기에 포괄적이 되지 못했던 점이 아쉬웠으며, 이후로 硏究를 통한 노력으로 本 硏究에서 시도하지 못한 부분을 꾸준히 보완해 나갈 것이다.

參考文獻

[国内書籍]

1. 고영복. 『현대사회문제』(서울: 사회문화 연구소, 2005).
2. 권기덕 외 2인 공저. 『인간관계론』(서울: 형설출판사, 1995).
3. 김대환. 『사회학』(서울: 법문사, 1998).
4. 김인식. 『청년심리학』(서울: 배영사, 1990).
5. 김영모. 『현대사회 문제론』(서울: 한국복지정책연구소, 1991).
6. 김재한. 『청소년발달 심리학』(서울: 세광공사, 1995).
7. 배종대. 『형사정책』(서울: 홍문사, 1998).
8. 심영희. 『비판범죄론』(서울: 법문사, 1997).
9. 안재정. 『청소년의 비행과 실태』(서울: 한국기독교 청소년 지도위원회, 1999).
10. 윤덕중. 『범죄와 소년비행학』(서울: 박영사, 1998).
11. 이상현. 『소년 비행학』(서울: 박영사, 1997).
12. 이윤호. 『한국청소년 비행론』(서울: 법문사, 1997).
13. 지광준. 『청소년범죄와 비행』(서울: 삼신각, 1992).
14. 지광준. 『성범죄』(서울: 강남대학교 출판부, 1998).
15. 정인석. 『현대청년 발달심리학』(서울: 재동문화사, 1998).
16. 정영석 외 1인. 『형사정책』(서울: 법문사, 1996).
17. 표갑수. 『청소년 비행원인 이론』(서울: 한국복지정책연구소, 1999).
18. 함종한. 『청소년』(서울: 상조사, 1998).
19. 여성가족부. 『청소년백서』(서울: 2010).
20. 법제처. 『각국의 청소년관계법』(서울: 휘문인쇄주식회사, 1990).
21. 육군본부. 『부대관리훈』. 2000.
22. 육군본부. 『'99 사고분석』. 2000.
23. 육군본부. 『군법교재』. 1997.
24. 육군본부. 『군인복무규율』(국군의 이념). 1999.
25. 육군종합행정학교. 『군법』(육군인쇄공창, 1999).

[論文 및 刊行物]

1. 김시천. 「군범죄에 관한 연구-총기강력사고를 중심으로-」. 석사학위논문. 서울: 동국대 행정 대학원.
2. 박윤창 외 공저. 「청소년·법·심리」. 한국 법심리학회. 2000.
3. 신윤희. 「군범죄와 그 억제대책에 관한 연구-육군사고를 중심으로-」. 석사학위논문. 서울: 연세대 행정대학원. 1996.
4. 지광준. 「한국청소년 범죄의 조기예측법에 관한 연구」. 박사학위논문. 서울: 중앙대대학원. 1987.
5. 정광식. 「육군사병의 자살사고 분석 연구」. 석사학위논문. 서울: 국방대학원. 1995.
6. 조래원. 「군범죄 실태 및 대책」. 석사학위논문. 대구 경북대 행정대학원. 1998.
7. 한성동. 「군범죄의 특성과 그 예방에 관한 연구-군무이탈을 중심으로-」. 석사학위논문. 서울: 동국대 행정대학원.
8. 황덕환. 「가정교육이 청소년 범죄에 미치는 영향」. 법무연구 제15호. 1988.
9. 법무부. 「비행청소년의 선도와 예방」. 보호자료 제2집. 1991.
10. 대검찰청 「범죄분석」. 1999.
11. 법무부. 「보호」. 2000.
12. 서울 청소년지도육성회. 「청소년 비행의 원인에 대한 일반적 고찰」. 1988.
13. 육군본부. 「범죄활동 실무」. 190-33.
14. 치안본부. 「범죄분석」. 1999.

[国外書籍]

1. Morris Janowitz. A career Soldier, New York: Harvard university, 1989.
2. Morris Janowitz, Hierarchy and Authority in Socialogy and the Military Establishment, New York: Russel Sage Foundation, 1965.
3. R. K. Merton, Social theory and social structure, New York: The free press, 1968.
4. T. Hirschi, Causes of delinquency, California Berkley: univ of California press, 1969.
5. Thomas Harriss. I'M OK - You're OK, New York: Avon Books, 1973.

김건태

육군보병학교 부대관리교관 역임
국제문화대학원대학교 겸임교수
(사)한국청소년지도학회 사무총장
국제문화대학원대학교 사회복지학 박사과정

「노인장기요양보험제도 연구 분석」

김성신

사회복지 법인 사랑원 원장 역임
백석문화대학교 사회복지학부 겸임교수 역임
사단법인 성결원 운영위원
정읍시 평생학습운영위원 및 도서관운영위원 역임
한국청소년지도학회 정회원
유아교육 실천 연구회 회장 역임
한국 평생교육사 협회 이사 역임
국제영재교육학회 부회장
정읍 YMCA 청소년 상담소 소장 역임
현) 국제문화대학원대학교 교수

「어린이집 교사의 직무만족도에 관한 연구」
「아동학대 상처 치유를 위한 복지 멘토링연구」
「아동 영재성교육 특성화에 대한 교사와 학부모의 인식연구」
「성인교실의 운영을 통한 평생교육 활성화 연구」
「청소년 교정복지 증진을 위한 사회교육 방안연구」

『평생교육개론』
『영재커뮤니케이션론』
『전뇌교육론』
『아동복지론』
『가위, 바위, 보』
『사회복지교육의 이해』

청소년비행과
군범죄

초 판 인 쇄 | 2011년 5월 31일
초 판 발 행 | 2011년 5월 31일

지 은 이 | 김건태 · 김성신
펴 낸 이 | 채종준
펴 낸 곳 | 한국학술정보㈜
주 소 | 경기도 파주시 교하읍 문발리 파주출판문화정보산업단지 513-5
전 화 | 031) 908-3181(대표)
팩 스 | 031) 908-3189
홈 페 이 지 | http://ebook.kstudy.com
E - m a i l | 출판사업부 publish@kstudy.com
등 록 | 제일산-115호(2000. 6. 19)

ISBN   978-89-268-2263-0 93330 (Paper Book)
        978-89-268-2264-7 98330 (e-Book)

내일을여는지식 ◢ 은 시대와 시대의 지식을 이어 갑니다.